대한민국 **No.1** 여행회화

트랜디북

여행
영어

KB195133

여행의 모든 상황을 담다

트랜디북 여행 영어

2025년 1월 15일 개정판 1쇄 인쇄
2025년 1월 20일 개정판 1쇄 발행

저자	SY 언어개발팀
펴낸이	최준수
펴낸곳	도서출판 삼영서관
디자인	Design SON

주소	서울 동대문구 한천로 229, 3F
전화	02) 2242-3668
팩스	02) 6499-3658
홈페이지	www.sysk.kr
이메일	syskbooks@naver.com
등록일	2018년 7월 5일
등록번호	제 2018-000032호
ISBN	979-11-983436-3-5 13740
책값	10,000원

파본은 교환하여 드립니다.

생활의 질이 향상되고 수명이 늘어나면서 자신을 위해 시간과 비용을 투자하는 것이 너무나도 당연한 상황이 되었습니다. 그중 여행은 그동안의 바쁜 생활 중에 휴식과 재충전을 할 수 있는 좋은 기회입니다. 해외로의 여행은 특히 외국의 다양한 문화를 경험하고 체험해 볼 수 있으며, 그동안 경험하지 못했던 새로운 상황들 속으로 여러분을 안내할 것입니다.

예전에는 단체로 여행하는 패키지여행을 선호하였지만, 요즘은 혼자 또는 친한 친구와 여행하는 배낭여행을 많이 선호하고 있습니다. '아는 만큼 즐기고 아는 만큼 볼 수 있다.'라는 말은 해외여행을 경험해 본 분들이라면 거의 공감할 것입니다.

그리고 무엇보다도 그 나라의 언어까지 공부하고 간다면 더욱 흥미롭고 즐거운 여행이 될 것입니다. 언어를 유창하게 구사할 수 있다면 좋겠지만 길을 물어보거나 음식을 주문하고, 물건을 사는 등 여행에서 꼭 필요한 기본적인 상황에서 사용하는 표현들만 알아도 훨씬 편안하고 재미있는 여행이 될 것입니다.

이 책은 여행 전에 미리 기본 패턴을 익히면서 영어회화를 공부해 볼 수 있는 영어회화 첫걸음 편과 여행지에서 사용할 수 있는 다양한 표현을 수록하고 있는 여행회화 편으로 구성되어 있습니다.

영어회화 첫걸음 편은 두 주인공이 해외여행을 하면서 겪게 되는 다양한 상황 속에서 40여 개의 필수 패턴을 통해 쉽고 재미있게 영어회화를 습득할 수 있도록 구성되어 있습니다.

여행회화 편은 공항에서부터 집으로 돌아올 때까지 발생할 수 있는 여러 가지 상황에서 사용할 수 있는 다양한 표현과 간단한 회화 및 실용단어 등으로 구성되어 있습니다.

아는 만큼 재미있는 여행을 위해 〈여행의 신 여행 영어〉가 여러분께 자신감을 드릴 것입니다.

이 책의 특징 및 활용법

여행회화 편

1. 다양한 주제를 중심으로 구성

여행을 출발하면서 접하게 되는 다양한 상황들을 중심으로 구성하였습니다. 출발할 때부터 여행지에서 일어날 수 있는 다양한 상황들 그리고 도착할 때까지 여러분의 여행을 도와줄 것입니다.

2. 상황별로 다양한 기본 표현 수록

각 주제별로 발생할 수 있는 다양한 상황들을 중심으로 꼭 필요한 기본 표현들을 수록하였습니다. 주제별로 쉽게 찾아볼 수 있도록 페이지를 구성하였으며, 상황별로 필요한 내용을 찾아 효율적으로 표현을 익히도록 하였습니다.

3. 간단한 회화를 통한 효과적인 학습

여행지에서 일어날 수 있는 실제 상황을 중심으로 간단한 회화체로 구성하였습니다. 기본 표현과 더불어 효율적인 학습이 가능하도록 하였습니다.

4. 실용 단어

상황별로 자주 사용되는 실용단어와 실용표현으로 구성되어 있습니다. 상황별로 쉽게 찾아볼 수 있으며, 아래의 Memo에는 필요한 내용을 자유롭게 메모할 수 있도록 구성 하였습니다.

5. 여행회화에 꼭 필요한 필수패턴 40

여행 중에 꼭 필요한 활용도가 높은 패턴 40개를 엄선하여 수록하였습니다. 상황에 따라 필요한 표현을 찾아 자신 있게 활용해 보세요.

6. 한글 발음을 표기하여 쉽고 효율적인 학습 가능

내용의 흐름을 방해하지 않고 쉽게 읽어나갈 수 있도록 한글발음을 제공하였습니다. 다만, 한글로 표기하기 힘든 음성어가 있기 때문에 영어 발음은 한글로 정확하게 표기하기 어렵습니다. 따라서 제공되는 원어민 음원을 통해 보다 정확한 발음을 익히시길 바랍니다.

니다.	**My seat number is 38F.**
세요?	**Excuse me, may I go ahead?**
니다.	**The window seat is mine.**
	Excuse me, this is my seat.
습니까?	**Can I change to another seat?**
고 싶습	**I'd like to move next to my friend.**

목차

여행회화 편

Chapter **1. 출국**

항공권 구입

 여행 경비에서 큰 비중을 차지하고 있는 항공권은 계획을 잘 세워 구입하도록 합니다.
여행 일정, 출발 시기, 할인항공권, 항공권의 유효기간, 경유 일정 등을 따져보고 신중히
구입하도록 합니다.

1 델타 항공사입니다. 무엇을
도와드릴까요?

Delta Airlines. May I help you?
델타 에어라인즈 메이 아이 헬프 유

2 LA행 비행기 예약을 부탁합
니다.

I want to make a reservation to LA.
아이 원트 투 메이커 레저베이션 투 엘에이

3 내일 뉴욕 행 비행기 있나요?

**Do you have a flight to New York
tomorrow?**
두 유 해 버 플라잇 투 뉴욕 터마-리우

4 언제 떠나실 건가요?

When are you leaving?
웬 아 유 리-빙

5 목요일 오전 비행기가 있습
니까?

Any flight on Thursday morning?
애니 플라잇 언 써스데이 모닝

6 남은 좌석이 있나요?

Are there any seats left?
아 데어 애니 씻츠 레프트

7 직행편으로 부탁합니다.

A direct flight, please.
어 다이렉트 플라잇 플리-즈

8 그걸로 하겠습니다.

I will take it.
아이 윌 테이크 잇

02 항공권 변경 및 확인

 항공권을 구입하면 날짜와 시간 그리고 자신의 여권과 항공권의 영문 이름이 같은지
꼭 확인하도록 합니다. 영문 이름이 일치하지 않는 경우 입국 심사 때 입국을 거부당할 수도
있으므로 정확히 확인하도록 합니다.

1 유나이티드 항공사입니다.
무엇을 도와드릴까요?

United Airlines. May I help you?
유나이티드 에어라인즈 메이 아이 헬프 유

2 오후 비행기로 바꾸고 싶은
데요.

I want to change to an afternoon flight.
아이 원투 체인쥐 투 언 애프터눈 플라잇

3 다음 비행편 좌석을 구할 수
있을까요?

Can I get a seat on the next flight?
캔 아이 겟 어 시잇 언 더 넥스트 플라잇

4 하루 늦게 출발하고 싶습니다.

I'd like to leave one day later.
아이드 라익 투 리브 원 데이 레이터

5 여보세요. 아시아나항공입
니까?

Hello. Is this Asiana Airlines?
헬로우 이즈 디스 아시아나 에어라인즈

6 예약 재확인을 하고 싶습니다.

Please reconfirm my reservation.
플리즈 리컨펌 마이 레저베이션

7 이름과 비행기 번호를 알려주
십시오.

Your name and flight number, please.
유어 네임 앤 플라잇 넘버 플리즈

8 예약이 확인되었습니다.

Your reservation has been confirmed.
유어 레저베이션 해즈 빈 컨펌드

출발

Chapter 01

11

Dialogue

직원
언제 출발하십니까?
What day would you like to leave?
왓 데이 우 쥬 라이크 투 라-브

여행자
7월 10일이요.
I'd like to leave on July 10th.
아이드 라이크 투 라-브 언 줄라이 텐쓰

직원
성함을 알려주시겠습니까?
May I have your name?
메이 아이 해브 유어 네임

여행자
이서준입니다.
Seo-joon Lee.
서준 리

여행자
2장 구입하겠습니다.
I'd like to purchase two tickets, please.
아이드 라이크 투 퍼취스 투 티킷츠 플리-즈

직원
2장에 1,000달러입니다.
That'll be $1,000 for two tickets.
댓윌 비 텐 싸우전 달러 퍼 투 티킷츠

여행자
저녁에 출발하는 비행기가 있나요?
Is there a evening flight available?
이즈 데어 어 이브닝 플라잇 어베일러블

직원
예, 있습니다.
Yes, there is.
예스 데어 이즈

□ 여행사	**travel agent** 트레블 에이전트	□ 비행기 편명	**flight number** 플라잇 넘버
□ 항공사	**airline agent** 에어라인 에이전트	□ 운임	**fare** 페어
□ 항공권	**passenger ticket** 패신저 티켓	□ 편도 항공권	**one way ticket** 원 웨이 티켓
□ 탑승권	**boarding pass** 보-딩 패스	□ 왕복 항공권	**round-trip ticket** 라운드 트립 티켓
□ 탑승 카운터	**boarding counter** 보-딩 카운터	□ 1등석	**first class** 퍼얼스트 클래스
□ 예약	**reservation** 레저베이션	□ 2등석	**business class** 비즈너스 클래스
□ 스케줄	**schedule** 스케줄	□ 일반석	**economy class** 이카너미 클래스

세계 주요 항공사 코드

▶ 한국	OZ	아시아나 항공	**Asiana Airlines**
	KE	대한항공	**Korean Air**
▶ 미국	AA	아메리칸 항공	**American Airlines**
	DL	델타 항공	**Delta Airlines**
	NW	노스웨스트 항공	**Northwest Airlines**
	UA	유나이티드 항공	**United Airlines**
▶ 일본	JD	일본 에어시스템	**Japan Air Systems**
	JL	일본 항공	**Japan Airlines**
	NH	전일본공수	**All Nippon Airways**
▶ 영국	BA	영국 항공	**British Airways**
▶ 프랑스	AF	에어 프랑스	**Air France**
▶ 독일	LH	루프트한자 항공	**Lufthansa Airlines**
▶ 싱가포르	SQ	싱가포르 항공	**Singapore Airlines**
▶ 홍콩	CX	캐세이 퍼시픽 항공	**Cathey Pacific Airways**

출국

01

Chapter

Chapter 2. 비행기

01 탑승

출국심사를 마치고 나면 가장 먼저 비행기를 타야 할 탑승게이트를 확인하도록 합니다.
공항 내 시설과 면세점에서 즐거운 시간을 보내고, 늦어도 30분 전에는 탑승게이트에
도착하도록 합니다.

1 탑승 수속은 어디에서 합니까?

Where can I check in?
웨어 캔 아이 체크인

2 노스웨스트 항공사 카운터는
어디인가요?

Where is the Northwest Airlines counter?
웨어 이즈 더 노스웨스트 에어라인즈 카운터

3 몇 번 게이트로 가야 합니까?

Which gate should I go to?
위치 게이트 슈드 아이 고우 투

4 20번 게이트는 어디입니까?

Where is the gate 20?
웨어 이즈 더 게이트 트웨니

5 탑승시간은 몇 시입니까?

What is the boarding time?
왓 이즈 더 보-딩 타임

6 비행기가 연착되나요?

Is the flight delayed?
이즈 더 플라잇 딜레이드

7 얼마나 지연됩니까?

How long is it delayed?
하우 롱 이즈 잇 딜레이드

8 면세점은 어디에 있나요?

Where are the duty-free shops?
웨어 아 더 듀티 프리 샵스

16

좌석 찾기

 기내 입구에 들어서면 승무원에게 티켓을 보여주고 자리를 확인하도록 합니다.
일행과 떨어지더라도 일단 자리를 확인하고 짐을 정리한 후에 다시 만나도록 합니다.

1 C 23석은 어디입니까?

Where is C23?
웨어 이즈 씨 트웨니쓰리

2 제 자리 번호는 38F입니다.

My seat number is 38F.
마이 시잇 넘버 이즈 써리에잇 에프

3 실례지만, 지나가도 될까요?

Excuse me, may I go ahead?
익스큐즈 미 메 아이 고우 어헤드

4 창가 좌석이 제 자리입니다.

The window seat is mine.
더 윈도우 시잇 이즈 마인

5 제 자리인 것 같은데요.

Excuse me, this is my seat.
익스큐즈 미 디스 이즈 마이 시잇

6 다른 자리로 바꿀 수 있습니까?

Can I change to another seat?
캔 아이 체인쥐 투 어너더 시잇

7 친구 옆 자리로 옮기고 싶습니다.

I'd like to move next to my friend.
아이드 라이크 투 무브 넥스트 투 마이 프렌드

8 화장실은 어디 있습니까?

Where is the toilet?
웨어 이즈 더 토일릿

비행기

02

Chapter

여행자 언제 출발합니까?
What time will we depart?
왓 타임 윌 위 디파-트

카운터 지금부터 약 10분 후에 출발합니다.
It will depart about ten minutes from now.
잇 윌 디파-트 어바웃 텐 미닛츠 프럼 나우

카운터 짐이 있습니까?
Do you have baggage?
두 유 해브 배기쥐

여행자 짐은 전부 2개입니다.
I have two pieces of baggage.
아이 해브 투 파-시즈 어브 배기쥐

카운터 비행기 표를 보여주시겠습니까?
Let me see your ticket, please.
렛미 시 유어 티킷 플라-즈

여행자 여기 있습니다.
Here you are.
히어 유 아

승무원 이쪽으로 오세요. 손님 좌석은 오른쪽 복도쪽입니다.
Please come this way. Your seat is right over there on the aisle.
플라-즈 컴 디스 웨이 유어 시잇 이즈 라잇 오버 데어 언 디 아이얼

승객 고맙습니다.
Thank you.
쌩 큐

18

□ 공항	**airport** 에어포트	□ 수하물	**baggage / luggage** 베기쥐 / 러기쥐
□ 국내선	**domestic service** 도메스틱 서비스	□ 안내소	**information center** 인퍼메이션 센터
□ 국제선	**international service** 인터내셔널 서비스	□ 입국관리	**immigration** 이미그레이션
□ 국제공항	**international airport** 인터내셔널 에어포트	□ 입국카드	**disembarkation card** 디젬바케이션 카ー드
□ 항공사 카운터	**airline counter** 에어라인 카운터	□ 출국카드	**embarkation card** 임바케이션 카ー드
□ 기내반입 수화물	**carry-on-baggage** 캐리 언 배기쥐	□ 좌석번호	**seat number** 시잇 넘버
□ 대합실	**waiting room** 웨이팅 룸	□ 여권검사	**passport control** 패스포트 컨트롤
□ 분실물 취급소	**lost and found** 로스트 앤 파운드	□ 출발지	**port of departure** 포트 어브 디파알처
□ 세관 검사	**customs inspection** 커스텀즈 인스펙션	□ 도착지	**port of arrival** 포트 어브 어라이벌
□ 검역	**quarantine** 쿼런틴	□ 탑승구	**boarding gate** 보ー딩 게이트
□ 공항세	**airport tax** 에어포트 택스		

memo

여행을 추억하다

 기내에서는 기내 준수사항을 꼭 지키도록 합니다. 안전벨트는 가급적이면 항상 착용하도록 합니다.
다른 사람에게 피해를 주는 행동이나 큰 소리로 대화하는 등의 행동은 삼가도록 합니다.

1 신문이나 잡지 보시겠습니까?

Would you like a newspaper or a magazine, sir?
우 쥬 라이크 어 뉴스페이퍼 오어 어 매거진 써

2 한국어로 된 잡지가 있나요?

Do you have any Korean magazines?
두 유 해브 애니 코리언 매거진-즈

3 좀 춥군요. / 덥군요.

I'm a little cold / hot.
아임 어 리틀 코울드/핫

4 베개와 담요를 주세요.

Can I have a pillow and a blanket?
캔 아이 해 버 필로우 앤 어 블랭킷

5 담요를 한 장 더 주시겠어요?

May I have an extra blanket?
메이 아이 해 번 익스트라 블랭킷

6 헤드폰이 고장입니다.

The headphones aren't working.
더 헤드포운스 아언트 워킹

7 멀미가 납니다.

I feel sick.
아이 필 식

8 화장실이 고장입니다.

There is something wrong with the toilet.
데어 이즈 섬씽 롱 위드 더 토일릿

04 기내에서 2

기내에서 도움이 필요한 일이 있으면 친절하게 승무원을 부르도록 합니다.
기내에만 있는 것이 답답할 수 있지만, 즐거운 여행의 시작인만큼 편안한 마음으로 휴식을
취하도록 합니다.

1 의자를 젖혀도 될까요?

Can I recline my seat?
캔 아이 리클라인 마이 시잇

2 앞 의자가 너무 뒤쪽으로
젖혀져 있는데요.

Excuse me, this seat is too far back.
익스큐즈 미 디스 시잇 이즈 투 파 백

3 저 사람들이 너무 시끄럽게
해서 잘 수 없어요.

**I can't sleep because that group is
so noisy.**
아이 캔트 슬립 비코우즈 댓 그룹 이즈 소우 노이지

4 내 뒤에 있는 사람이 자꾸
발로 차네요.

**The person behind me is kicking
the back of my seat.**
더 퍼슨 비하인드 미 이즈 킥킹 더 백 어브 마이 시잇

5 자리를 바꿔도 될까요?

May I change my seat?
메이 아이 체인쥐 마이 시잇

6 화장실이 막혔습니다.

The toilet is stopped up.
더 토일릿 이즈 스탑트 업

7 춥습니다. / 덥습니다.

I'm very cold. / I'm very hot.
아임 베어리 콜드 / 아임 베리 핫

8 이걸 어떻게 켜는 건가요?

Could you tell me how to turn it on?
쿠 쥬 텔 미 하우 투 턴 잇 언

비행기

Chapter 02

승객 찬 물수건 좀 주시겠어요?
Cold towel, please.
코울드 타월 플리-즈

승무원 잠깐만 기다리세요.
Wait a moment, please.
웨이트 어 모우먼트 플리-즈

승객 베개 하나 더 주시겠어요?
Can I have one more pillow?
캔 아이 해브 원 모어 필로우

승무원 네, 잠시만 기다리세요.
Sure. Just a moment, please.
슈어 저스트 어 모우먼트 플리-즈

승객 신문 좀 주시겠어요?
Can I have a newspaper?
캔 아이 해 버 뉴스페이퍼

승무원 네, 여기 있습니다.
Yes, here you are.
예스 히어 유 아

승객 토할 것 같아요. 멀미 봉투는 어디 있나요?
I think I'm going to be sick. Where is the airsickness bag?
아이 씽크 아임 고잉 투 비 식 웨어 이즈 디 에어식크니스 백

승무원 좌석 주머니 안에 있습니다.
There's one in the seat pouch.
데어즈 원 인 더 시잇 파우치

22

기내 관련 용어

□ 안전벨트 **seat belt**
시잇 벨트

□ 좌석 **seat**
시잇

□ 호출 버튼 **attendant call button**
어텐던트 콜 버튼

□ 독서등 **overhead reading light**
오버헤드 리딩 라잇

□ 헤드폰 **headphone**
헤드폰

□ 담요 **blanket**
블랭킷

□ 베개 **pillow**
필로우

□ 기내선반 **overhead shelf**
오버헤드 셀프

□ 멀미 봉투 **airsickness bag**
에어식크니스 백

□ 구명조끼 **life jacket**
라이프 재킷

□ 산소마스크 **oxygen mask**
악씨전 매스크

□ 기장 **captain**
캡틴

□ 승무원 **crew**
크루

□ 여승무원 **stewardess**
스트워디스

□ 남승무원 **steward**
스트워드

□ 화장실 **lavatory**
래버토리

□ 비었음 **Vacant**
베이컨트

□ 사용중 **Occupied**
아큐파이드

□ 버튼을 누르시오 **Push button**
푸쉬 버튼

□ 변기물을 내리시오 **Flush toilet**
플러쉬 토일릿

□ 화장실에서는 금연
No smoking in toilet
노우 스모우킹 인 토일릿

---

memo

여행을 추억하다

05 기내 식사 1

기내 식사 및 서비스는 비행일정에 따라 탑승객에게 시간에 맞춰 서비스됩니다.
식사를 할 때에는 트레이를 내리고, 식사가 끝나면 원래의 위치로 돌려놓아야 합니다.

1 소고기와 닭고기 중 어떤 것으로 드시겠어요?

Would you like chicken or beef?
우 쥬 라이크 치킨 오어 비프

2 소고기로 주세요.

Beef, please.
비프 플라-즈

3 생선으로 부탁해요.

I'd like to have a fish, please.
아이드 라이크 투 해 버 피쉬 플라-즈

4 식사는 지금 괜찮습니다.

I don't want to eat now.
아이 돈트 원트 투 이잇 나우

5 음료를 드시겠어요?

Do you want something to drink?
두 유 원 섬씽 투 드링크

6 무엇이 있습니까?

What do you have?
왓 두 유 해브

7 오렌지 주스, 콜라, 맥주, 와인, 위스키가 있습니다.

We've got orange juice, coke, beer, wine and whisky.
위브 갓 오린쥐 쥬스 코우크 비어 와인 앤 위스키

8 한 잔 더 주세요.

Another one, please.
어너더 원 플라-즈

06 기내 식사 2

기내에서는 식사와 음료, 주류 및 신문과 잡지 등이 무료로 제공되기도 합니다.
기내의 기압은 지상보다 낮아 주류를 마실 경우 쉽게 취하기 때문에 과음은 삼가는 것이 좋습니다.

1 좌석을 제 위치로 돌려주십
시오.

Please return your seat to the upright position.
플리-즈 리턴 유어 시잇 투 디 업라잇 포지션

2 저녁식사는 언제 나오나요?

When will dinner be served?
웬 윌 디너 비 서-브드

3 저녁식사는 무엇인가요?

What's for dinner?
왓츠 퍼 디너

4 식사는 다 드셨어요?

Have you finished the meal?
해브 유 피니시드 더 미일

5 식기를 치워도 되겠습니까?

May I take your tray?
메 아이 테이크 유어 트레이

6 물 좀 주세요.

Water, please.
워러 플리-즈

7 커피는 어떻게 드시겠어요?

How would you like your coffee?
하우 우 쥬 라이크 유어 커피

8 설탕만 넣어 주세요.

Just sugar, please.
저스트 슈거 플리-즈

비행기

 **Dialogue**

승무원　소고기와 생선요리 중 어느 것으로 하시겠습니까?

Which would you prefer, beef or fish?

위치 우 쥬 프리퍼 비프 오어 피쉬

승객　생선요리로 주세요.

Fish, please.

피쉬 플라–즈

승객　저녁식사는 무엇인가요?

What's for dinner?

왓츠 퍼 디너

승무원　오믈렛과 닭고기입니다.

Omelet and chicken are available.

오믈릿 앤 치킨 아 어베일러블

승무원　식사 끝나셨습니까?

Have you finished (your meal)?

해브 유 피니쉬드 (유어 밀)

승객　네, 잘 먹었어요. 고마워요.

Yes, I enjoyed it. Thank you.

예스 아이 인조이드 잇 쌩 큐

승무원　커피로 드시겠습니까, 홍차로 드시겠습니까?

Coffee or tea?

커피 오어 티

승객　홍차로 주세요.

Tea, please.

티 플라–즈

□ 닭고기	**chicken** 치킨		□ 콜라	**coke** 코우크
□ 소고기	**beef** 비프		□ 사이다	**sprite** 스프라이트
□ 생선	**fish** 피쉬		□ 커피	**coffee** 커피
□ 돼지고기	**pork** 포–크		□ 홍차	**tea** 티
□ 식사	**meal** 미일		□ 녹차	**green tea** 그린 티
□ 디저트	**dessert** 디자–트		□ 탄산수	**sparkling water** 스파클링 워러
□ 얼음	**ice cubes** 아이스 큐브스		□ 맥주	**beer** 비어
□ 유료	**charge / pay** 차 –쥐 / 페이		□ 위스키	**whiskey** 위스키
□ 무료	**no charge** 노우 차 –쥐		□ 백포도주	**white wine** 와잇 와인
□ 음료	**drink / beverage** 드링크 / 비버리쥐		□ 적포도주	**red wine** 레드 와인
□ 오렌지 주스	**orange juice** 오린쥐 쥬스			

memo

여행을 추억하다

07 기내에서 아플 때 1

비행 중 몸이 불편할 경우에는 승무원에게 도움을 청하도록 합니다.
기내에는 간단한 상비약이 준비되어 있으므로 불편한 부분을 이야기하고 도움을 받도록 합니다.

1 멀미가 나세요?

Do you feel sick?
두 유 필 시익

2 괜찮습니다.

Thank you. I'm all right.
쌩 큐 아임 올 라잇

3 멀미가 납니다.

I'm feeling sick.
아임 필링 시익

4 배(머리)가 아픕니다.

I have a stomachache(headache).
아이 해버 스터먹에익(헤드에익)

5 현기증이 납니다.

I'm dizzy.
아임 디지

6 가슴이 아픕니다.

I have pain in chest.
아이 해브 페인 인 췌스트

7 열이 있는 것 같습니다.

I think I have a fever.
아이 씽크 아이 해 버 피버

8 아프신 것 같군요. 스튜어디스를 부를까요?

You look sick. Should I call the stewardess?
유 룩 시익 슈드 아이 콜 더 스튜워디스

08 기내에서 아플 때 2

 비좁은 기내에서 장시간 비행을 하다보면 가슴이 답답하거나 몸이 불편할 수 있습니다.
수분을 충분히 섭취하거나 가끔씩 자리에서 일어나 가벼운 체조를 하는 것이 좋습니다.

1 두통약 좀 있습니까?

Do you have any medicine for a headache?
두 유 해브 애니 퍼 어 헤드에익

2 약을 먹고 싶습니다.

I'd like to take some medicine.
아이드 라이크 투 테이크 섬 메더신

3 소화제/아스피린 좀 주세요.

Some digestive medicine/aspirin, please.
섬 다이제스티브 메더신/아스피린 플리-즈

4 좀 춥습니다. 모포를 한 장 더 주십시오.

I have a chill. May I have an extra blanket, please?
아이 해 버 칠 메이 아이 해 번 익스트러 블랭킷 플리-즈

5 곧 가져다 드리겠습니다.

I'll bring it to you right away.
아일 브링 잇 투 유 라잇 어웨이

6 베개도 갖다 드릴까요?

Would you like a pillow, too?
우 쥬 라이크 어 필로우 투

7 따뜻한 물 가져다 드릴게요.

I'll get you a warm water.
아일 겟 유 어 웜 워러

8 멀미 봉투가 있습니까?

Do you have an air sickness bag?
두 유 해 번 에어 식크니스 백

비행기

02

Chapter

29

Dialogue

승객	따뜻한 물 좀 주시겠어요?

Warm water, please.
웜 워러 플라-즈

승무원 잠깐만 기다리세요.

Wait a moment, please.
웨이트 어 모우먼트 플라-즈

승객 속이 안 좋은데 약 좀 주세요.

I feel bad. Please give me some medicine.
아이 파일 배드 플라-즈 기브 미 섬 메더신

승무원 알겠습니다.

Certainly, sir.
써든리 서

승객 베개 하나 더 주시겠어요?

Can I have one more pillow?
캔 아이 해브 원 모어 필로우

승무원 네, 잠시만 기다리세요.

Sure. Just a moment, please.
슈어 저스트 어 모우먼트 플라-즈

☐ 아프다.	**I have pain.**	아이 해브 페인
☐ 머리가 아프다.	**I have a headache.**	아이 해 버 헤드에익
☐ 배가 아프다.	**I have stomach trouble.**	아이 해브 스터먹 트츄러블
☐ 토할 것 같다.	**I feel like vomiting.**	아 필 라이크 바미팅
☐ 오한이 난다.	**I feel chilly.**	아 필 칠리
☐ 열이 있다.	**I have a fever.**	아이 해 버 피버
☐ 어지럽다.	**I feel dizzy.**	아 필 디지
☐ 감기에 걸렸다.	**I caught a cold.**	아이 코웃 어 코울드
☐ 잠을 잘 수 없다.	**I can't sleep well.**	아이 캔트 슬리입 웰
☐ 계속 아프다.	**It is a constant pain.**	잇 이즈 어 콘스턴트 페인
☐ 통증이 심하다.	**It is a sharp pain.**	잇 이즈 어 샤프 페인

memo

여행을 추억하다

환승 1

비행기를 환승하는 경우 기내에 가지고 탑승한 짐을 잘 챙겨서 내리도록 합니다.
비행기에서 내린 후에는 갈아탈 탑승게이트와 시간을 꼭 확인하여 비행기를 놓치는 일이
없도록 합니다.

1 환승 카운터는 어디에 있나요?

Where is the transfer counter?
웨어 이즈 더 트랜스퍼 카운터

2 제가 탈 비행기 편은 어디에서 확인할 수 있나요?

Where can I confirm my flight?
웨어 캔 아이 컨펌 마이 플라잇

3 갈아탈 비행편의 탑승 수속은 어디에서 합니까?

Where is the counter for making transfers?
웨어 이즈 더 카운터 퍼 메이킹 트랜스퍼스

4 탑승 수속을 여기에서 할 수 있습니까?

Can I take care of boarding procedures here?
캔 아이 테이크 케어 어브 보-딩 프로시쥬어스 히어

5 예약을 변경하고 싶습니다.

I'd like to change my reservation.
아이드 라이크 투 체인쥐 마이 레저베이션

6 연결편에 타지 못했습니다.

I didn't make my connection.
아이 디든 메이크 마이 커넥션

7 다른 항공편을 알아봐 주십시오.

Please check another flight for me.
플라-즈 체크 어너더 플라잇 퍼 미

8 오늘 오후 항공편으로 하와이에 가고 싶은데 빈자리가 있습니까?

Do you have a seat for Hawaii Island for this afternoon?
두 유 해 버 시잇 퍼 하와이 아일랜드 퍼 디스 애프터누운

환승 2

비행기를 환승할 경우 항공사 직원의 안내에 따라 환승 카운터로 이동하도록 합니다.
공항에 따라 터미널 간의 이동시간이 오래 걸리는 경우도 있으므로 시간을 잘 확인하여
서두르도록 합니다.

1 탑승게이트는 몇 번입니까?
From which gate do I board?
프럼 위치 게이트 두 아이 보-드

2 탑승게이트는 26번입니다.
The boarding gate is No. 26.
더 보-딩 게이트 이즈 넘버 트웨니 식스

3 어디에서 갈아탑니까?
Where can I transfer?
웨어 캔 아이 트랜스퍼

4 이 공항에는 얼마동안 머뭅니까?
How long is the stopover at this airport?
하우 롱 이즈 더 스탑오버 앳 디스 에어퍼얼트

5 탑승시각은 몇 시부터입니까?
What time does boarding begin?
왓 타임 더즈 보-딩 비긴

6 여기에서 얼마나 기다려야 합니까?
How long will we stop here?
하우 롱 윌 위 스탑 히어

7 언제 탑승합니까?
When do we board?
웬 두 위 보-드

8 저는 마이애미로 가는 통과 승객입니다.
I'm a transit passenger to Miami.
아임 어 트랜짓 패신저 투 마이애미

비행기

Chapter 02

33

직원　갈아타실 비행기는 어떤 비행기입니까?

What is your connecting flight?

왓 이즈 유어 커넥팅 플라잇

여행자　노스웨스트 412편입니다.

Northwest Flight 412.

노스웨스트 플라잇 포오 트웰브

여행자　제 짐은 어떻게 됩니까?

What should I do with my checked baggage?

왓 슈드 아이 두 위드 마이 체크트 배기쥐

직원　그것은 자동으로 귀하의 연결편으로 이송됩니다.

It will be automatically transferred to your next flight.

잇 윌 비 오토메티컬리 트랜스퍼드 투 유어 넥스트 플라잇

여행자　이 공항에서 얼마나 기다려야 합니까?

How long will we stop here?

하우 롱 윌 위 스탑 히어

직원　약 3시간 정도입니다.

About three hours, sir.

어바웃 쓰리 아우어스 서

승객　서울과 LA의 시차는 얼마입니까?

What's the time difference between Seoul and LA?

왓츠 더 타임 디퍼런스 비트윈 서울 앤 엘에이

승무원　16시간입니다.

There's a 16 hour difference.

데어즈 어 식스틴 아워 디퍼런스

☐ 갈아타다	**transfer** 트랜스퍼	☐ 트랜짓카운터	**transit counter** 트랜짓 카운터
☐ 놓치다	**miss** 미스	☐ 면세점	**tax-free shop** 텍스프리 샵
☐ 통과 승객	**transfer passenger** 트랜스퍼 패신저	☐ 예약	**reservation** 레저베이션
☐ 통과 카드	**transit pass** 트랜짓 패스	☐ 기내	**on the plane** 언 더 플레인
☐ 대합실	**waiting room** 웨이팅 룸	☐ 빈 자리	**vacant seat** 베이컨트 시잇
☐ 탑승시각	**boarding time** 보-딩 타임	☐ 만석	**full** 풀
☐ 탑승 게이트	**boarding gate** 보-딩 게이트	☐ 창측	**window side** 윈도우 사이드
☐ 대기시간	**waiting time** 웨이링 타임	☐ 통로측	**aisle side** 아이얼 사이드
☐ 출발시간	**departure time** 디파알처 타임		

memo

여행을 추억하다

Chapter **3.** **도착**

IMMIGRATION

01 입국 심사 1

 비행기에서 내리면 'Immigration'이라고 표시된 이정표를 따라 이동합니다.
입국 심사관에게 여권과 탑승권, 세관 신고서 등을 제출하고 간단한 심사 후 여권에 스탬프를
받으면 됩니다.

1 입국심사대로 가십시오.

Please go to immigration.
플라-즈 고우 투 이미그레이션

2 여권을 보여주십시오.

Passport, please.
패스포트 플라-즈

3 보딩패스를 보여주시겠어요?

May I see your boarding pass, please?
메이 아이 시씨 유어 보딩 패스 플라-즈

4 여기 있습니다.

Here you are.
히어 유 아

5 어디에서 오셨습니까?

Where are you from?
웨어 아 유 프럼

6 한국에서 왔습니다.

I'm from Korea.
아임 프럼 코리아

7 입국 목적은 무엇입니까?

What is the purpose of your visit?
왓 이즈 더 퍼포즈 어브 유어 비짓

8 관광입니다. /
업무 차 왔습니다.

Sightseeing. / On business.
시잇씽 / 온 비즈니스

입국 심사 2

 입국 심사를 기다리는 동안에는 반드시 정해진 곳에서 순서를 기다리도록 합니다.
심사관은 방문 목적과 체류기간, 체류지 등을 물어보는데 긴장하지 말고 차분히 대답하면 됩니다.

1 얼마나 머무실 예정입니까?

How long will you stay?
하우 롱 윌 유 스테이

2 4일간 머무를 예정입니다.

I'll stay for four days.
아일 스테이 퍼 포 데이즈

3 어디에서 머무실 겁니까?

Where are you staying?
웨어 아 유 스테잉

4 하얏트 호텔에 묵을 겁니다.

I'll stay at the Hyatt hotel.
아일 스테이 앳 더 하얏 호텔

5 이 나라는 처음입니까?

Is this your first visit to this country?
이즈 디스 유어 퍼얼스트 버짓 투 디스 컨트리

6 예, 처음입니다.

Yes, it is my first time.
예스 잇 이즈 마이 퍼얼스트 타임

7 이번이 두 번째입니다.

This is my second trip.
디스 이즈 마이 세컨 트립

8 미국에 오신 걸 환영합니다.

Welcome to the USA!
웰컴 투 더 유에스에이

여행

Chapter 03

 **Dialogue**

입국 심사관   어디에서 오셨습니까?
Where are you from?
웨어 아 유 프럼

여행자   한국에서 왔습니다.
I'm from Korea.
아임 프럼 코리아

입국 심사관   어떤 일을 하시나요?
What kind of business are you in?
윗 카인드 어브 비즈녀스 아 유 인

여행자   무역회사에서 일하고 있습니다.
I'm working in a trading company.
아임 워킹 인 어 트레이딩 컴퍼니

입국 심사관   돈은 얼마나 가지고 계십니까?
How much money do you have?
하우 머취 머니 두 유 해브

여행자   1,000달러 정도 가지고 있습니다.
I have about 1,000 dollars.
아이 해브 어바웃 원 싸우전 달라스

입국 심사관   결혼은 하셨습니까?
Are you married?
아 유 메리드

여행자   아니오. 미혼입니다.
No, I'm single.
노우 아임 싱글

성	**Family name**
이름	**First name**
국적	**Country of Citizenship**
직업	**Occupation**
여권번호	**Passport or alien Registration Number**
연락처	**Address in the Country**
이용 항공사명과 편명	**Airline and Flight No.**
탑승지	**Passenger Boarded at**
거주국	**Resident of Country**
현주소	**Number, Street, City, Province and country of**
출생 연월일	**Month, Day and Year of Birth**
출생지	**City, Province and country of Birth**
비자발생지	**Visa Issued at**
서명	**Signature**
비자 발행일	**Month, Day and Year Visa Issued**
동행자 유무	**Name and Relationship of accompanying Family**

memo

여행을 추억하다

세관 검사

심사를 마치고 수하물을 찾은 후에는 세관 검사대로 이동합니다.
이곳에서는 가지고 온 짐 중에서 신고할 물건이 있는지 식료품 등을 가지고 있는지를 물어봅니다.

1 가방을 열어주시겠습니까?

Would you open your bag?
우 쥬 오픈 유어 백

2 짐을 보여주십시오.

Please show me your baggage.
플리즈 쇼우 미 유어 배기쥐

3 신고할 것이 있습니까?

Do you have anything to declare?
두 유 해브 애니씽 투 디클레어

4 신고할 물건이 없습니다.

I don't have anything to declare.
아이 돈 해브 애니씽 투 디클레어

5 이것은 신고할 필요가 있습니까?

Is it necessary to declare this item?
이즈 잇 네스서리 투 디클레어 디스 아이템

6 그 영수증을 주시겠어요?

May I have a receipt for it?
메이 아이 해 버 리시트 퍼 잇

7 다른 짐은 있습니까?

Do you have any other baggages?
두 유 해브 애니 어더 배기쥐스

8 됐습니다. 좋은 시간 보내세요.

OK. Have a nice day.
오케이 해 버 나이스 데이

입국 심사를 마치고 나면 타고 온 비행기 편명이 표기된 턴테이블에서 짐을 찾습니다.
컨베이어 벨트에서 수하물을 찾을 때에는 다른 사람의 짐과 바뀌지 않도록 잘 확인하여 찾도록
합니다.

1 가방은 어디에서 찾습니까?

Where do I pick up my bags?
웨어 두 아이 픽 업 마이 백스

2 여기가 아시아나 302편의 수하물을 찾는 곳입니까?

Is this where I pick up my baggage for Asiana flight No. 302?
이즈 디스 웨어 아이 픽업 마이 배기쥐 퍼 아시아나 플라잇 넘버 쓰리오투

3 제 가방을 못 찾았는데요.

I couldn't find my luggage.
아이 쿠든트 파인드 마이 러기쥐

4 제 짐을 찾아주시겠어요?

Can you find my baggage?
캔 유 파인드 마이 배기쥐

5 수하물 보관증이 있습니까?

Do you have a claim tag for your baggage?
두 유 해 버 클레임 택 뷔 유어 배기쥐

6 짐을 찾으면 연락해 주시겠어요?

Please call me when you find my baggage.
플리-즈 콜 미 웬 유 파인드 마이 배기쥐

7 어디서 짐을 받을 수 있나요?

Where can I get my baggage?
웨어 캔 아이 겟 마이 배기쥐

8 이 가방은 찾았는데 다른 가방은 찾을 수 없습니다.

I found this bag, but not the other one.
아이 파운드 디스 백 벗 낫 디 어더 원

입국

03

Chapter

 **Dialogue**

세관원 안에는 무엇이 있나요?
What is in it?
왓 이즈 인 잇

여행자 개인 소지품밖에 없어요.
Personal effects only.
퍼스널 이펙츠 오운리

세관원 신고할 것이 있습니까?
Do you have anything to declare?
두 유 해브 애니씽 투 디클레어

여행자 예, 위스키 한 병이 있습니다.
Yes, I have one bottle of whiskey.
예스 아이 해브 원 바틀 어브 위스키

세관원 이것은 무엇입니까?
What's this for?
왓츠 디스 퍼

여행자 제 친구에게 줄 선물입니다.
It's a present for my friend.
잇츠 어 프레즌트 퍼 마이 프렌드

세관원 이게 전부입니까?
Is this all you have?
이즈 디스 올 유 해브

여행자 신고할 것은 그게 전부입니다.
That's all I have to declare.
댓츠 올 아이 해브 투 디클레어

실용단어

□ 면세품	**tax-free article** 택스 프리 아티클		□ 상용약	**habitual use medicine** 해비츄얼 유즈 메더신
□ 개인용품	**personal effects** 퍼스널 이펙츠		□ 반입 금지품	**prohibited articles** 프로히비티드 아티클스
□ 반입 금지품	**prohibited article** 프로히비티드 아티클		□ 수하물	**baggage / luggage** 배기쥐 / 러기쥐
□ 세관	**customs tax** 커스텀즈 텍스		□ 이름표	**name-plate** 네임 플레이트
□ 세관직원	**customs officer** 커스텀즈 오피서		□ 여행가방	**suitcase** 수트케이스
□ 세금	**customs** 커스텀즈		□ 서류가방	**brief case** 브리프 케이스
□ 세관 신고서	**declaration form** 디클러레이션 폼		□ 귀중품	**valuables** 밸루어블스
□ 신고하다	**declare** 디클레어		□ 내용물	**contents** 컨텐츠
□ 선물	**gift** 기프트		□ 연락처	**contact address** 컨텍트 어드레스
□ 향수	**perfume** 퍼퓸		□ 짐수레	**cart** 카ー트
□ 주류	**liquor** 리쿼		□ 분실	**loss** 로스
□ 담배	**cigarette** 시거렛		□ 파손	**damage** 데미쥐
□ 한국음식	**Korean food** 코리언 푸ー드			

memo

여행을 추억하다

환전

환전은 여행 전에 은행에서 미리 환전하거나 공항의 은행 환전소를 이용하는 것이 좋습니다.
환전을 할 때에는 철저한 계획을 세워 경비가 남거나 부족하여 추가로 환전하지 않도록 합니다.

1 환전소는 어디에 있나요?

Where is the money exchange?
웨어 이즈 더 머니 익스체인쥐

2 환전을 해주시겠습니까?

Could you please exchange this?
쿠 쥬 플리-즈 익스체인쥐 디스

3 이것을 달러로 바꿔주십시오.

Exchange this into dollars, please.
익스체인쥐 디스 인투 덜러즈 플리-즈

4 원화를 달러로 바꿔주십시오.

Please change Korean won into US dollars.
플리-즈 체인쥐 코리언 원 인투 유에스 덜러즈

5 환율은 어떻게 됩니까?

What's the exchange rate?
왓츠 디 익스체인쥐 레이트

6 환전 수수료는 얼마입니까?

How much is the exchange commission?
하우 머취 이즈 디 익스체인쥐 커미션

7 이 지폐를 잔돈으로 바꿔주십시오.

Small change for this bill, please.
스몰 체인쥐 퍼 디스 빌 플리-즈

8 계산이 틀린 것 같습니다.

I don't think the calculation is correct.
아이 돈 씽크 더 칼큘레이션 이즈 커렉트

06 관광안내소 이용

공항에 도착하면 관광안내소에 들러 현지의 지도나 여행 관련 팸플릿 등을 살펴보는 것을 추천 드립니다. 이곳에서 필요한 정보와 무료로 제공되는 교통 노선도, 숙박 관련 정보 등을 얻으면 여행에 큰 도움이 됩니다.

1 관광지도를 부탁합니다.

May I have a tourist map, please?
메이 아이 해 버 투어리스트 맵 플리-즈

2 렌트카 회사 카운터는 어디 입니까?

Where is the car rental counter?
웨어 이즈 더 카 렌털 카운터

3 여기에서 호텔 예약을 할 수 있습니까?

May I make a reservation for a hotel here?
메이 아이 메이커 레저베이션 퍼 어 호텔 히어

4 비싸지 않은 호텔을 소개해 주시겠습니까?

Would you please recommend an inexpensive hotel?
우 쥬 플리-즈 레코멘드 언 인익스펜시브 호텔

5 그 호텔은 역에서 가깝습니까?

Is that hotel close to the station?
이즈 댓 호텔 클로우즈 투 더 스테이션

6 호텔까지 어떻게 갑니까?

How can I get to the hotel?
하우 캔 아이 겟 투 더 호텔

7 시내에는 어떻게 갑니까?

How can I get downtown?
하우 캔 아이 겟 다운타운

8 택시 타는 곳은 어디입니까?

Where's the taxi stand?
웨어즈 더 택시 스탠드

더 찾

03

Chapter

1 Brunei Dollar
1 Canadian Dollar
1 Euro
New Zealand D

Dialogue

직원   어떻게 바꿔드릴까요?

How would you like it?

하우 우 쥬 라이크 잇

여행자   10달러짜리 5장과 나머지는 1달러짜리로 주세요.

5 tens and the rest in one dollar bills.

파이브 텐스 앤 더 레스트 인 원 달러 빌스

직원   얼마를 바꿔드릴까요?

How much do you want to exchange?

하우 머취 두 유 원트 투 익스체인쥐

여행자   10만원이요.

It's 100,000 won.

잇츠 원헌드레드 씨우전 원

직원   지폐는 어떻게 드릴까요?

How would you like your bills?

하우 우 쥬 라이크 유어 빌스

여행자   전부 10달러짜리로 주십시오.

I'd like them all in 10 dollar, please.

아이드 라이크 뎀 올 인 텐 달러 플라즈

□ 환전	**exchange** 익스체인쥐		□ 현금	**cash** 캐쉬
□ 환전소	**money exchange** 머니 익스체인쥐		□ 지폐	**bill** 빌
□ 환율	**rate** 레이트		□ 동전	**coin** 코인
□ 수수료	**commission** 커미션		□ 잔돈	**small change** 스몰 체인쥐
□ 은행	**bank** 뱅크		□ 여행자 수표	**traveler's checks** 트래블러스 첵스
□ 창구	**counter** 카운터		□ 통화	**currency** 커런시
□ 영업중	**open** 오픈		□ 달러	**dollar** 달러
□ 서명	**signature** 시그너춰		□ 유로	**Euro** 유로
□ 바꾸다	**change** 체인쥐		□ 파운드	**pound** 파운드

memo

여행을 추억하다

Chapter 4. 교통수단

도보 1

여행을 하며 여러 가지 교통수단을 이용하지만 도보로 여행하는 것은 색다른 매력이 있는 방법 중 하나입니다. 낯선 여행지이지만 준비해 간 지도와 핸드폰의 지도 앱을 이용하면 더욱 즐거운 여행이 될 것입니다.

1 이 도시의 지도는 어디에서 살 수 있나요?

Where can I get a map of this city?
웨어 캔 아이 겟 어 맵 어브 디스 씨티

2 시청으로 가는 길을 가르쳐 주십시오.

Please tell me the way to City Hall.
플리─즈 텔 미 더 웨이 투 씨티 홀

3 가장 가까운 역은 어디입니까?

Where is the nearest station?
웨어 이즈 더 니어리스트 스테이션

4 지하철역을 찾고 있습니다.

I'm looking for the subway station.
아임 룩킹 퍼 더 서브웨이 스테이션

5 이 지도에서 현재 위치를 가르쳐 주십시오.

Please show me where this place is on the map.
플리─즈 쇼우 미 웨어 디스 플레이스 이즈 언 더 맵

6 여기에서 그곳까지 걸어갈 수 있나요?

Can I walk there from here?
캔 아이 워크 데어 프럼 히어

7 걸어서 몇 분 정도입니까?

How many minutes on foot?
하우 매니 미닛츠 언 풋

8 여기에서 먼가요?

Is it far from here?
이즈 잇 파 프럼 히어

02 도보 2

외국에서는 우리나라와 도로 상황이나 주변 환경들이 다를 수밖에 없습니다.
너무 늦은 시간에 거리를 다니지 않도록 하며 무엇보다도 안전을 최우선으로 행동해야 합니다.

1 이 거리의 이름은 무엇입니까?

What is this street's name?
윗 이즈 디스 스트릿츠 네임

2 제가 길을 잃은 것 같습니다.

I seem to be lost.
아이 심 투 비 로스트

3 타임스퀘어는 여기에서 가깝습니까?

Is Times Square close to here?
이즈 타임 스퀘어 클로우즈 투 히어

4 모퉁이를 돌면 바로 있습니다.

It's just around the corner.
잇츠 저스트 어라운드 더 코너

5 다음 블록에 있습니다.

It's on the next block.
잇츠 언 더 넥스트 블록

6 신호등 두 개를 지나서 가세요.

Go through two lights.
고우 쓰루 투 라이츠

7 우체국 옆에 있습니다.

It's next to the post office.
잇츠 넥스트 투 더 포스트 오피스

8 길을 건너서 가시면 됩니다.

Cross the street.
크로스 더 스트리트

교통수단

Chapter **04**

여행자 중앙역까지 어떻게 가나요?
How do I get to Central Station?
하우 두 아이 겟 투 센트럴 스테이션

행인 저도 잘 모르겠습니다.
I'm not from here myself.
아임 낫 프럼 히어 마이셀프

여행자 센트럴파크가 어디인지 아세요?
Do you know where Central Park is?
두유 노우 웨어 센트럴 파크 이즈

행인 여기에서 차로 20분 정도 거리입니다.
It's about 20 minutes drive from here.
잇츠 어바웃 트웬니 미니츠 드라이브 프럼 히어

여행자 쉐라톤 호텔로 가는 가장 좋은 방법은 무엇입니까?
What is the best way to get to the Sheraton Hotel?
왓 이즈 더 베스트 웨이 투 겟 투 더 쉐라톤 호텔

행인 지하철을 이용하는 게 좋습니다.
It's better to use subway to go there.
잇츠 베러 투 유즈 더 서브웨이 투 고우 데어

□ 길	**way** 웨이	□ 왼쪽	**left side** 레프트 사이드
□ 거리(도로)	**street(st.)** 스트릿	□ 맞은 편	**opposite side** 아퍼짓 사이드
□ 대로	**avenue** 애버뉴	□ 가다	**go** 고우
□ 위치(장소)	**place** 플레이스	□ 돌아 가다	**turn / go return** 턴 / 고우 리턴
□ 신호등	**signal** 시그널	□ ~을 따라	**along** 얼롱
□ 교차로	**crossing** 크로싱	□ 가까이	**close** 클로우즈
□ 모퉁이	**corner** 코너	□ 멀리	**far away** 파 어웨이
□ 블록	**block** 블록	□ 옆	**next** 넥스트
□ 똑바로 돌다	**straight turn** 스트레잇 턴	□ 표시	**sign** 사인
□ 오른쪽	**right side** 라잇 사이드		

memo

여행을 추억하다

 여행 일정이 정해지면 현지에서 이용할 교통편에 대한 정보를 미리 알고 가면 좋습니다. 종일권이나 정액권, 할인권 등 외국인들을 위해 저렴하게 이용할 수 있는 티켓을 출발 전에 미리 알아보면 좋습니다.

1 시내로 가는 버스 정류장은 어디입니까?

Where is the bus stop to downtown?
웨어 이즈 더 버스 스탑 투 다운타운

2 자유의 여신상으로 가는 버스는 몇 번인가요?

Which bus goes to the Statue of Liberty?
위치 버스 고우즈 투 더 스테츄 어브 리버티

3 3번 버스는 어디에서 탑니까?

Where can I take No. 3?
웨어 캔 아이 테이크 넘버 쓰리

4 힐튼호텔에서 가장 가까운 정류장은 어디입니까?

Which stop is the nearest to Hilton Hotel?
위치 스탑 이즈 더 니어리스트 투 힐튼 호텔

5 이 버스는 하이드 파크에 갑니까?

Does this bus go to Hyde Park?
더즈 디스 버스 고우 투 하이드 파크

6 이곳에 가려고 하는데요. (행선지 메모를 보이며)

I want to go to this place.
아이 원트 투 고우 투 디스 플레이스

7 어떻게 그곳에 가는지 가르쳐 주세요.

Please show me how to get there.
플리-즈 쇼우 미 하우 투 겟 데어

8 보스턴까지 가는데 얼마나 걸립니까?

How long does it take to get to Boston?
하우 롱 더즈 잇 테이크 투 겟 투 보스턴

버스 2

버스 탑승 전에 시간표를 잘 확인하고, 동전이나 티켓은 미리 준비하도록 합니다.
나라마다 버스 이용 방법이 다르기 때문에 다른 탑승객들이 하는 것을 참고하면 많은 도움이
됩니다.

1 매표소는 어디에 있습니까?

Where is the ticket office?
웨어 이즈 더 티킷 오피스

2 시내까지 얼마입니까?

How much money to go downtown?
하우 머취 머니 투 고우 다운타운

3 캐임브리지행 좌석을 예매하려고 합니다.

I'd like to book a seat to Cambridge.
아이드 라이크 투 북 어 시잇 투 캐임브리쥐

4 캐임브리지행 내일 8시 왕복표로 주십시오.

A round trip ticket to Cambridge, for 8 o'clock tomorrow.
어 라운드 트립 티킷 투 캐임브리쥐 퍼 에잇 어클락 터마~라우

5 보스턴행 한 장 주세요.

One for Boston, please.
원 퍼 보스턴 플리~즈

6 하이드 파크까지 몇 정거장을 더 가야 합니까?

How many stops to Hyde Park?
하우 매니 스탑스 투 하이드 파크

7 어디서 내리면 되나요?

Where should I get off?
웨어 슈드 아이 겟 오프

8 여기서 내려 주세요.

Let me get off here, please.
렛 미 겟 오프 히어 플리~즈

격통수단

Chapter 04

57

여행자   보스턴으로 가는 버스는 어디에서 탈 수 있습니까?

Where can I catch the bus to Boston?
웨어 캔 아이 캐치 더 버스 투 보스턴

직원   버스 정류장은 여기에서 한 블록 떨어져 있습니다.

The bus stop is one block away from here.
더 버스 스탑 이즈 원 블록 어웨이 프럼 히어

여행자   버스는 몇 분마다 출발합니까?

How often does the bus leave?
하우 어픈 더즈 더 버스 리-브

직원   버스는 10분마다 운행합니다.

The buses run about every ten minutes.
더 버시즈 런 어바웃 에브리 텐 미닛츠

여행자   버스를 멈추게 하려면 어떻게 합니까?

How can I get the bus to stop?
하우 캔 아이 겟 더 버스 투 스탑

승객   벨을 누르면 됩니다.

You can push the bell cord.
유 캔 푸시 더 벨 코드

□ 시내버스	**city bus** 시티 버스	□ 요금	**fare** 페어
□ 관광버스	**sightseeing bus** 사잇싱 버스	□ 승차권	**ticket** 티킷
□ 노선도	**route map** 루트 맵	□ 환승표	**transfer ticket** 트랜스퍼 티킷
□ 타다	**get on** 겟 언	□ 유효기간	**validity** 밸리디티
□ 내리다	**get off** 겟 어프	□ 직행버스	**direct bus** 더렉트 버스
□ 정차	**stoppage** 스타피쥐	□ 장거리버스	**long distance bus** 롱 디스턴스 버스
□ 출발	**departure** 디파알처	□ 2층 버스	**double decker** 더블 덱커
□ 갈아타다	**transfer** 트랜스퍼	□ 차내방송	**announcement** 어나운스먼트
□ ~행	**for ~** 퍼	□ 정원	**capacity** 커페시티
□ 시간표	**timetable** 타임테이블		

memo

여행을 추억하다

Chapter 04 교통수단

59

지하철

 버스에 비해 이용이 편리한 지하철은 노선도만 잘 확인하면 목적지까지 편안하게 갈 수 있습니다. 목적지에 따라 환승하는 방법과 요금이 다를 수 있으므로 이용 전에 미리 갈아타는 곳과 요금을 잘 알아보도록 합니다.

1 가장 가까운 지하철역은 어디 있습니까?

Where is the nearest subway station?
웨어 이즈 더 니어리스트 서브웨이 스테이션

2 승차권은 어디에서 삽니까?

Where can I buy a subway ticket?
웨어 캔 아이 바이 어 서브웨이 티킷

3 유니온 역까지 요금은 얼마 입니까?

How much for Union station?
하우 머취 퍼 유니언 스테이션

4 표 한 장 주세요.

One ticket, please.
원 티킷 플리즈

5 롱아일랜드로 가는 것은 몇 호선입니까?

Which line goes to Long Island?
위치 라인 고우즈 투 롱 아일랜드

6 브로드웨이까지 가려면 어느 역에서 갈아타야 합니까?

Where do I change to get to Broadway?
웨어 두 아이 체인쥐 투 겟 투 브로드웨이

7 어느 역에서 내려야 합니까?

At what station should I get off?
앳 왓 스테이션 슈드 아이 겟 어프

8 브로드웨이에 가려면 어느 출구로 가야 합니까?

Which exit should I go for Broadway?
위치 엑시트 슈드 아이 고우 퍼 브로드웨이

06 택시

여행 중 이동하기에 가장 편한 교통수단은 택시일 것입니다. 그러나 요금이 비싸고 정확한 목적지를 직접 운전기사에게 설명해야 하는 번거로움이 있습니다. 팁을 내야 하는 것도 잊지 마세요.

1 택시 타는 곳은 어디입니까?

Where is the taxi stand?
웨어 이즈 더 택시 스탠드

2 쉐라톤 호텔까지 부탁합니다.

The Sheraton Hotel, Please.
더 쉐라톤 호텔 플리-즈

3 이 주소로 가 주세요.
(주소를 보여주며)

To this address, please.
투 디스 어드레스 플리-즈

4 공항까지 시간이 얼마나
걸립니까?

How long does it take to the airport?
하우 롱 더즈 잇 테이크 투 디 에어포트

5 실례지만 서둘러 주세요.

Excuse me, I'm in a hurry.
익스큐즈 미 아임 인 어 허리

6 여기에서 세워 주세요.
내리겠습니다.

Please stop here. I'll get off.
플리-즈 스탑 히어 아일 겟 어프

7 얼마입니까?

How much is it?
하우 머취 이즈 잇

8 거스름돈은 가지세요.

Keep the change.
키입 더 체인쥐

교통수단

Chapter 04

61

여행자   비버리힐즈로 가는 것은 몇 호선입니까?

Which track is for Beverly Hills?

위치 트랙 이즈 퍼 비벌리 힐즈

직원   3호선입니다.

Track No. 3.

트랙 넘버 쓰리

여행자   거기에 가려면 얼마나 걸립니까?

How long does it take to get there?

하우 롱 더즈 잇 테이크 투 겟 데어

직원   별로 멀지 않아요. 15분 정도 걸립니다.

It's not far from here. About 15 minutes.

잇츠 낫 파 프럼 히어 어바웃 피프틴 미닛츠

택시기사   어디까지 가십니까?

Where to?

웨어 투

승객   4시까지 센트럴 파크로 가주세요.

To Central Park by four, please.

투 센트럴 파크 바이 포 플라-즈

택시기사   어디에서 내리시겠습니까?

Where do you want to get off?

웨어 두 유 원트 투 겟 어프

승객   여기에서 내려주세요.

Stop here, please.

스탑 히어 플라-즈

□ 지하철	**subway** 브웨이	□ 택시기사	**taxi driver** 택시 드라이버
□ 매표소	**ticket window** 티킷 윈도우	□ 트렁크	**trunk** 트렁크
□ 입구	**entrance** 엔트런스	□ 택시요금	**taxi fare** 택시 페어
□ 출구	**exit** 엑시트	□ 기본요금	**minimum fare** 미니멈 페어
□ 플랫폼	**platform** 플랫폼	□ 할증요금	**extra fare** 익스트라 페어
□ 갈아타는 곳	**transfer gate** 트랜스퍼 게이트	□ 미터기(택시)	**fare meter** 페어 미터
□ 택시승차장	**taxi zone / taxi stand** 택시 존 / 택시 스탠드	□ 거스름돈	**change** 체인쥐
□ 택시	**taxi** 택시	□ 화물요금	**baggage fare** 배기쥐 페어

memo

여행을 추억하다

교통수단

04

Chapter

07 기차 1

 여행의 여유로움과 이동의 편안함을 느낄 수 있는 기차 여행은 많은 여행객들이 선호하는 방법입니다. 유럽 여행의 경우 다른 나라로 이동할 때 기차를 이용하는 경우가 많아 이용법을 잘 알아두면 많은 도움이 됩니다.

1 매표소는 어디입니까?

Where is the ticket counter?
웨어 이즈 더 티킷 카운터

2 어디에서 예약할 수 있나요?

Where can I make a reservation?
웨어 캔 아이 메이크 어 레저베이션

3 이 기차의 좌석을 예약하고 싶습니다.

I want to reserve a seat on this train.
아이 원트 투 리저브 어 시잇 언 디스 트레인

4 유니온역까지 요금은 얼마입니까?

How much for Union station?
하우 머취 퍼 유니언 스테이션

5 리딩 역까지 편도(왕복)표를 2장 주십시오.

Two one-way(return) tickets for Reading station, please.
투 원 웨이(리턴) 티킷츠 퍼 리딩 스테이션 플리-즈

6 성인 2장, 어린이 1장 주세요.

Two adults and one child, please.
투 어덜츠 앤 원 차일드 플리-즈

7 가장 빨리 출발하는 표로 주십시오.

Give me the earliest ticket.
기브 미 디 어얼리스트 티킷

8 급행표로 주십시오.

Please give me the express ticket.
플리-즈 기브 미 디 익스프레스 티킷

08 기차 2

외국에서의 기차 여행은 우리나라와 달리 짧은 거리부터 다른 나라를 오가는 장거리까지
다양한 종류가 있습니다. 기차에서 1박 2일을 머물며 이동해야 할 경우 침대차를 이용해 보는
것도 재미있는 경험이 될 것입니다.

1 5번 플랫폼은 어디입니까?

Where is platform No. 5?
웨어 이즈 플랫폼 넘버 파이브

2 킹역 행 열차는 어느 홈입니까?

Which platform for the King station train?
위치 플랫폼 퍼 더 킹 스테이션 트레인

3 이 열차는 어디로 갑니까?

Where does this train go to?
웨어 더즈 디스 트레인 고우 투

4 이 기차가 프린스턴 가는 것 맞나요?

Is this the right train to Princeton?
이즈 디스 더 라잇 트레인 투 프린스턴

5 프린스턴에 몇 시에 도착합니까?

What time does the train arrive in Princeton?
왓 타임 더즈 더 트레인 어라이브 인 프린스턴

6 요금은 열차 내에서 지불합니까?

Do I pay the fare on the train?
두 아이 페이 더 페어 언 더 트레인

7 이 자리는 비어 있습니까?

Is this seat taken?
이즈 디스 시잇 테이큰

8 이 열차에 식당차가 있습니까?

Do you have a dining car in the train?
두 유 해 버 다이닝 카아 인 더 트레인

교통수단

Chapter 04

65

여행자 이 열차는 몇 시에 출발합니까?

What time does this train leave?

왓 타임 더즈 디스 트레인 리-브

직원 2시에 출발합니다.

It leaves at two o'clock.

잇 리브스 앳 투 어클락

직원 지정석이나 자유석 중 어느 것으로 하시겠습니까?

Which do you prefer, reserved or free seat?

위치 두 유 프리퍼 리저-브드 오어 프리 시잇

여행자 지정석(자유석)으로 주십시오.

Reserved(free) seat, please.

리저-브드(프리) 시잇 플리-즈

여행자 이 패스는 며칠까지 유효합니까?

Which date is valid for this pass?

위치 데이트 이즈 밸리드 퍼 디스 패스

직원 유효기간이 14일간이므로 23일까지 사용할 수 있습니다.

This is valid for 14 days, so you can use it till the 23rd.

디스 이즈 밸리드 퍼 포티인 데이즈 소우 유 캔 유즈 잇 틸 더 트웨니 써드

여행자 홀리데이 인으로 가는 출구는 어디입니까?

Which exit for Holiday Inn?

위치 엑시트 퍼 홀리데이 인

직원 2번째 출구의 계단을 올라가십시오.

Please go up the stairs at the 2nd exit.

플리-즈 고우 업 더 스테어즈 앳 더 세컨드 엑시트

□ 철도	**railroad / railway** 레일로드 / 레일웨이		□ 급행요금	**express charge** 익스프레스 차쥐
□ 역	**station** 스테이션		□ 침대요금	**berth charge** 버쓰 차쥐
□ 표	**ticket** 티킷		□ 차장	**conductor** 컨덕터
□ 매표소	**ticket office** 티킷 오피스		□ 개찰구	**wicket / gate** 위켓 / 게이트
□ 예약	**reservation** 레저베이션		□ 칸막이	**compartment** 컴파-트먼트
□ 편도표	**one-way ticket** 원웨이 티킷		□ 침대차	**sleeping car** 슬리핑 카
□ 왕복표	**round trip ticket** 라운드 트립 티킷		□ 식당차	**dining car** 다이닝 카
□ 1등석	**first class** 퍼얼스트 클래스		□ 급행열차	**express train** 익스프레스 트레인
□ 2등석	**second class** 세컨드 클래스		□ 특급열차	**limited express** 리미티드 익스프레스
□ 좌석	**seat** 시잇		□ 보통열차	**local train** 로컬 트레인
□ 지정석	**reserved seat** 리저브드 시잇		□ 주간열차	**day train** 데이 트레인
□ 자유석	**non-reserved seat** 넌리저브드 시잇		□ 야간열차	**night train** 나잇 트레인

memo

여행을 추억하다

교통수단

04

Chapter

67

09 렌터카 1

 여러 명이 여행할 경우 렌터카를 빌려 여행해 보는 것도 재미있는 경험이 될 것입니다.
원하는 곳을 자유롭게 다닐 수 있으며, 시간의 제약을 덜 받아 색다른 여행을 경험할 수 있습니다.

1 차는 어디에서 빌릴 수 있습니까?

Where can I rent a car?
웨어 캔 아이 렌트 어 카아

2 차를 빌리고 싶습니다.

I'd like to rent-a-car.
아이드 라이크 투 렌트 어 카아

3 어떤 차종이 있습니까?

What kind of cars do you have?
왓 카인 어브 카즈 두 유 해브

4 소형차를 일주일 빌려주십시오.

Compact car for a week, please.
컴팩트 카아 퍼 어 위크 플라-즈

5 3일간 차를 빌리고 싶은데요.

I'd like to rent a car for three days.
아이드 라이크 투 렌트 어 카아 퍼 쓰리 데이즈

6 내일 저녁 5시까지 빌리고 싶습니다.

I'd like to rent a car till five o'clock tomorrow evening.
아이드 라이크 투 렌트 어 카아 틸 파이브 어클락 터마-러우 이브닝

7 하루에 얼마입니까?

How much for one day?
하우 머취 퍼 원 데이

8 기름값이 포함된 것입니까?

Does it include gas?
더즈 잇 인클루드 개스

10 렌터카 2

외국에서 렌터카를 이용하려면 출발 전에 국내에서 먼저 국제운전면허증을 발급 받아야 합니다.
국내에서 미리 예약을 하고 가면 저렴하게 이용할 수 있으므로 계획을 잘 세워 이용하도록 합니다.

1 보증금은 얼마입니까?

How much is the deposit?
하우 머취 이즈 더 디파짓

2 보험료가 포함된 요금입니까?

Does this price include the insurance fee?
더즈 디스 프라이스 인클루드 디 인슈어런스 피

3 보험을 들어 주십시오.

Please give me insurance coverage.
플리-즈 기브 미 인슈어런스 커버리쥐

4 한국 차는 있습니까?

Do you have any Korean cars?
두유 해브 애니 코리언 카즈

5 추가요금은 있습니까?

Is there any extra charge to be paid?
이즈 데어 애니 익스트라 차-지 투 비 페이드

6 연료는 가득 채워서 반환해야 합니까?

Do I have to return the car filled with gas?
두 아이 해브 투 리턴 더 카아 필드 위드 개스

7 차를 호텔까지 가져다줍니까?

Do you deliver the car to my hotel?
두 유 딜리버 더 카아 투 마이 호텔

8 차는 어디에 반환합니까?

Where do I return the car?
웨어 두 아이 리턴 더 카아

교통수단

Chapter 04

Dialogue

직원 어떤 모델을 원하십니까?
Which model do you want?
위치 모델 두 유 원트

여행자 소형차가 좋겠어요.
I'd like a compact car.
아이드 라이크 어 컴팩트 카아

직원 얼마동안 사용하실 건가요?
How long are you going to use it?
하우 롱 아 유 고잉 투 유즈 잇

여행자 5일이요.
Five days.
파이브 데이즈

여행자 임대료는 얼마입니까?
How much?
하우 머취

직원 하루에 50달러입니다.
Fifty dollars per day.
피프티 달러즈 퍼 데이

□ 자동차	**automobile** 오토모빌	□ 예약확인서	**reservation confirmation** 레저베이션 컨퍼메이션
□ 차종	**type of cars** 타입 어브 카아스	□ 주차	**parking** 파킹
□ 한국 차	**Korean car** 코리언 카아	□ 주유소	**gas station** 개스 스테이션
□ 자동변속차	**automatic car** 오토매릭 카아	□ 주차장	**parking lot** 파킹 랏
□ 수동변속차	**manual car** 매뉴얼 카아	□ 소형차	**compact sized car** 컴팩트 사이즈드 카아
□ 운전자	**driver** 드라이버	□ 중형차	**medium sized car** 미디엄 사이즈드 카아
□ 빌리다	**rent** 렌트	□ 유료도로	**toll road** 톨 로드
□ 반환하다	**return** 리턴	□ 고속도로	**express way** 익스프레스 웨이
□ 보험	**insurance** 인슈어런스	□ 사고	**accident** 액씨던트
□ 가솔린	**gasoline / petrol** 개솔린 / 페트롤	□ 펑크	**puncture / flat tire** 펑쳐 / 플랫 타이어
□ 가득 채우다	**fill up** 필 업	□ 고장	**broken down / trouble** 브로큰 다운 / 트러블
□ 연료가 떨어지다	**running out of gas** 러닝 아웃 어브 개스	□ 국제운전면허 **International driving license** 인터내셔널 드라이빙 라이센스	
□ 도로지도	**road map** 로드 맵		
□ 에어컨	**air conditioning** 에어 컨디셔닝		

memo

여행을 추억하다

자전거

 색다른 여행을 경험하고 싶다면 현지에서 자전거로 여행해 보는 것도 추천 드립니다.
역 주변에 자전거를 빌려주는 곳이 있으니 보관함(코인라커)에 짐을 보관하고 자유로운 여행을
즐겨보시기 바랍니다.

1 자전거는 어디에서 대여하
나요?

Where is the bicycle rental shop?
웨어 이즈 더 바이시클 렌틀 샵

2 자전거를 하루 동안 빌리고
싶은데요.

I want to rent a bicycle for one day.
아이 원트 투 렌트 어 바이시클 퍼 원 데이

3 얼마입니까?

How much?
하우 머취

4 공기를 주입해 주세요.

Please fill the tire with air.
플리-즈 필 더 타이어 위드 에어

5 타이어가 펑크났어요.

The tire got punctured.
더 타이어 갓 펑쳐드

6 브레이크가 말을 듣지 않아요.

The brake doesn't work well.
더 브레이크 더즌트 워크 웰

7 반납하려고 합니다.

I'd like to return this.
아이드 라이크 투 리턴 디스

8 보증금을 돌려주세요.

Please give me back the deposit.
플리-즈 기브 미 백 더 디파짓

12 선박

지역에 따라 배를 이용하여 이동하는 경우도 있습니다. 여유롭게 경치를 구경하거나 다른 이동 방법과는 다른 색다른 운치를 느끼며 여행하는 행복한 경험이 될 것입니다.

1 항구는 어떻게 갑니까?

How can I get to the port?
하우 캔 아이 겟 투 더 포-트

2 어디에서 승선합니까?

Where do I board?
웨어 두 아이 보-드

3 요금은 어디에서 받습니까?

Where do I pay the fare?
웨어 두 아이 페이 더 페어

4 제일 싼 자리는 얼마인가요?

How much is the cheapest seat?
하우 머취 이즈 더 치피스트 시잇

5 산타 모니카 표 두 장 주세요.

Two tickets to Santa Monica, please.
투 티킷츠 투 산타 모니카 플리-즈

6 승선 시간은 몇 시입니까?

What time do we board?
왓 타임 두 위 보-드

7 선실은 어디입니까?

Where is my cabin?
웨어 이즈 마이 캐빈

8 그곳까지 어느 정도 시간이 걸립니까?

How long does it take to get there?
하우 롱 더즈 잇 테이크 투 겟 데어

교통수단

여행자   얼마에요?

How much?

하우 머치

직원   한 시간에 5달러입니다.

Five dollars per hour.

파이브 딜러스 퍼 아우어

여행자   자전거 타는 법을 알려주세요.

Please tell me how to ride this bicycle.

플리즈 텔 미 하우 투 라이드 디스 바이시클

직원   네, 물론이죠.

Yes, sure.

예스 슈어

직원   뱃멀미를 하세요?

Do you get seasick?

두 유 겟 사-씩

여행자   매번 뱃멀미를 해요.

Every time, I get seasick.

에브리 타임 아이 겟 사-씩

74

□ 도로	**road** 로우드		□ 작동하다	**work** 워크
□ 자전거 도로	**bicycle lane** 바이시클 레인		□ 반납하다	**return** 리턴
□ 보도	**sidewalk** 사이드워크		□ 보증금	**deposit** 디파짓
□ 차도	**roadway** 로우드웨이		□ 펑크나다	**puncture** 펑쳐
□ 교차로	**crossroad** 크로스로우드		□ 배	**ship** 쉽
□ 횡단보도	**crosswalk** 크로스워크		□ 승선하다	**board** 보-드
□ 신호등	**traffic lights** 트래픽 라이츠		□ 출항하다	**sail** 세일
□ 도로표지판	**street sign** 스트릿 사인		□ 뱃멀미	**seasick** 사-씩
□ 광장	**square** 스퀘어		□ 요금	**fare** 페어
□ 빌리다	**rent** 렌트		□ 항구	**port** 포-트
□ 보관하다	**keep** 킵			

memo

여행을 추억하다

교통수단

Chapter 04

Chapter **5. 숙박**

호텔 예약

여행의 고단함을 풀어줄 숙소 예약은 여행에서 무엇보다도 중요합니다.
요즘은 가격비교 사이트들이 많이 있으므로 한국에서 미리 예약하고 가는 것이 저렴하고
좋은 숙소를 구하는 방법입니다.

1 예약을 하고 싶습니다.

I'd like to make a reservation.
아이드 라이크 투 메이크 어 레저베이션

2 오늘밤부터 사흘간 트윈룸을 부탁합니다.

I'd like a twin room for three nights, please.
아이드 라이크 어 트윈 룸 퍼 쓰리 나잇츠 플리~즈

3 20일에 트윈룸으로 예약하고 싶습니다.

I'd like to reserve a twin room for the 20th.
아이드 라이크 투 리저브 어 트윈 룸 퍼 더 트웨니쓰

4 2인용으로 5박을 예약하고 싶습니다.

I'd like to make a reservation for five nights for two.
아이드 라이크 투 메이크 어 레저베이션 퍼 파이브 나잇츠 퍼 투

5 더블침대 방 두 개가 필요합니다.

We'll need two double beds.
위일 니드 투 더블 베즈

6 싱글룸 요금은 1박에 얼마입니까?

What is the rate for a single room per night?
왓 이즈 더 레이트 퍼 어 싱글 룸 퍼 나잇

7 더 싼 방은 없습니까?

Is a less expensive room available?
이즈 어 레스 익스펜시브 룸 어베일러블

8 인터넷 전용선이 설치된 방을 원합니다.

I need a room with an Internet connection.
아이 니드 어 룸 위드 언 인터넷 커넥션

02 체크인

호텔에 도착하면 프런트에서 예약자 이름과 여권 등을 준비하여 체크인 하도록 합니다.
방의 종류와 요금, 기간 등을 다시 한 번 확인하고, 혹시 방이 마음에 들지 않을 경우 교체를
요구해 보도록 합니다.

1 체크인하고 싶습니다.

I'd like to check in, please.
아이드 라이크 투 체크 인 플리즈

2 예약했습니다.

I have a reservation.
아이 해 버 레저베이션

3 오늘부터 사흘 예약한 김입니다.

I am Kim and I have a reservation for 3 nights.
아이 엠 김 앤 아이 해 버 레저베이션 퍼 쓰리 나잇츠

4 체크인은 몇 시부터입니까?

When's the check-in time?
웬즈 더 체크 인 타임

5 체크인까지 가방을 맡아 주시겠습니까?

Can you keep my bags until I check-in?
캔 유 킵 마이 백스 언틸 아이 체크 인

6 먼저 방을 볼 수 있을까요?

Could I see the room first?
쿠드 아이 시 더 룸 퍼스트

7 더 큰방/작은방은 없습니까?

Do you have anything bigger/smaller?
두 유 해브 애니씽 비거/스몰러

8 이 방으로 하겠습니다.

I'll take this room.
아일 테이크 디스 룸

Dialogue

직원	예약하셨습니까?
	Did you have a reservation?
	디드 유 해 버 레저베이션

여행자	서울에서 예약했습니다.
	I had a reservation in Seoul.
	아이 해드 어 레저베이션 인 서울

직원	며칠 밤 묵으실 겁니까?
	How many nights?
	하우 매니 나잇츠

여행자	3일 밤 묵을 거예요.
	3 nights.
	쓰리 나잇츠

여행자	아침식사가 포함된 요금입니까?
	Does this rate include breakfast?
	더즈 디스 레이트 인클루드 브렉퍼스트

직원	아니오, 객실료뿐입니다.
	No, only room charge.
	노우 오운리 룸 차-지

여행자	서비스료는 어떻게 됩니까?
	What is the service charge?
	왓 이즈 더 서비스 차-지

직원	숙박료에 15퍼센트 가산됩니다.
	Fifteen percent is added to the room charge.
	피프틴 퍼센트 이즈 애디드 투 더 룸 차-지

□ 숙박 시설	**accommodation** 어카머데이션	□ 1층(영)	**ground floor** 그라운드 플로어
□ 욕실이 딸린	**with a bath** 위드 어 배스	□ 2층(영)	**first floor** 퍼얼스트 플로어
□ 전망이 좋은	**with a nice view** 위드 어 나이스 뷰	□ 라운지	**lounge** 라운지
□ 예약	**reservation** 레저베이션	□ 아케이드	**arcade** 아케이드
□ 비수기	**a low season** 어 로우 시즌	□ 식당	**dining room** 다이닝 룸
□ 1층(미)	**first floor** 퍼얼스트 플로어	□ 연회장	**banquet room** 뱅큇 룸
□ 2층(미)	**second floor** 세컨드 플로어		

객실의 종류

▶ **싱글 룸 (single room)** : 침대가 하나인 1인용 방

▶ **트윈 룸 (twin room)** : 2인용 방이지만 더블 베드가 아니라 싱글 베드가 두 개 있다. 싱글 룸보다 요금이 싸다.

▶ **더블 룸 (double room)** : 2인용 방으로 더블 베드를 사용한다.

▶ **트리플 룸 (triple room)** : 3인용 방으로 싱글 베드가 세 개 있는 것과 더블 베드 하나, 싱글 베드 하나가 있는 경우가 있다.

▶ **스위트 룸 (suite room)** : 객실에 침실, 거실, 부엌, 욕실 등이 완비되어 있다.

03 호텔 서비스 1

호텔을 이용할 때에는 기본 에티켓을 잘 지켜 다른 사람들에게 불편을 주는 일이 없도록 합니다.
방문이 자동으로 닫히는 경우가 있으므로 열쇠는 항상 지참하도록 하며, 잠옷 차림으로 복도를
다니는 일이 없도록 합니다.

1 이 가방들을 방까지 옮겨 주시 겠습니까?

Could you please bring these bags to my room?
쿠 쥬 플리-즈 브링 디즈 백스 투 마이 룸

2 내일 아침 6시에 모닝콜을 부탁합니다.

Please wake me up at 6 o'clock tomorrow morning.
플리-즈 웨이크 미 업 앳 식스 어클락 터마-러우 모닝

3 룸서비스를 부탁합니다.

Room service, please.
룸서비스 플리-즈

4 아침식사를 방으로 가져다 주세요.

Please bring my breakfast to my room.
플리-즈 브링 마이 브렉퍼스트 투 마이 룸

5 모포를 1장 더 주실 수 있나요?

Can I get an extra blanket, please?
캔 아이 겟 언 익스트라 블랭킷 플리-즈

6 오후 1시에 택시를 불러 주시 겠습니까?

Could you please get a taxi for me at one p.m.?
쿠 쥬 플리-즈 겟 어 택시 퍼 미 앳 원 피엠

7 외출하겠습니다. 열쇠를 맡아 주십시오.

I'm going out. Please keep the key.
아임 고잉 아웃 플리-즈 킵 더 키

8 903호실 열쇠를 부탁합니다.

Room number 903, please.
룸 넘버 나인오쓰리 플리-즈

호텔 서비스 2

 우리나라와 달리 외국에서는 특히 미국에서는 팁을 주는 문화가 생활화 되어 있습니다.
호텔, 식당, 택시 등에서 지불하는 팁 문화를 미리 숙지하고 가도록 합니다.

1 방을 청소해 주십시오.

Please clean my room.
플리-즈 클리인 마이 룸

2 외출해 있는 동안 방을 청소해 주시겠어요?

Would you clean the room while I am out?
우 쥬 클리인 더 룸 와일 아이 엠 아웃

3 귀중품을 맡기고 싶습니다.

I'd like to ask you to keep my valuables.
아이드 라이크 투 애스크 유 투 킵 마이 밸루어블스

4 맡겨둔 귀중품을 찾고 싶습니다.

I'd like to collect my valuables which you're holding.
아이드 라이크 투 컬렉트 마이 밸루어블스 위치 유어 홀딩

5 세탁 서비스는 있습니까?

Do you have laundry service?
두 유 해브 라언드리 서비스

6 드라이클리닝 됩니까?

Do you have dry cleaning service?
두 유 해브 드라이 클리닝 서비스

7 이 바지와 셔츠를 세탁해 주세요.

I'd like to have my shirts and trousers cleaned.
아이드 라이크 투 해브 마이 셔츠 앤 트라우저스 클리인드

8 세탁하는 데 얼마나 걸릴까요?

How long will it take to get them done?
하우 롱 윌 잇 테이크 투 겟 뎀 던

숙박객   룸서비스 됩니까?

Is room service still available?

이즈 룸 서비스 스틸 어베일러블

룸서비스   네, 손님.

Yes, sir.

예스 써

숙박객   모닝콜을 부탁합니다.

Wake-up call, please.

웨이크 업 콜 플리-즈

룸서비스   룸 번호를 알려주세요.

Your room number, please.

유어 룸 넘버 플리-스

숙박객   달걀 세 개와 토스트, 그리고 베이컨 두 조각 주세요.

Three eggs, toast and two slices of bacon.

쓰리 에그스 토우스트 앤 투 슬라이시스 어브 베이컨

룸서비스   더 필요한 것은 없습니까?

Something else?

섬씽 엘스

숙박객   귀중품은 어떻게 하면 좋습니까?

What should I do about my valuables?

왓 슈드 아이 두 어바웃 마이 밸루어블스

직원   각 방에 안전금고가 있습니다만, 저희가 맡아 드릴 수도 있습니다.

There is a safety box in each room but we can keep it, too.

데어 이즈 어 세이프티 박스 인 이치 룸 벗 위 캔 킵 잇 투

84

실용단어

□ 시설 **facility** 퍼실리티

□ (건물의) 층 **floor** 플로어

□ 스위치 **switch** 스위치

□ 청소 **cleaning** 클리닝

□ 드라이클리닝 **dry cleaning** 드라이 클리닝

□ 세탁 **cleaning / laundry** 클리닝 / 러언드리

□ 다리미 **iron** 아이언

□ 얼룩 제거 **removal of stains** 리무벌 어브 스테인스

□ 마침 **finishing** 피니싱

□ 귀중품 **valuables** 밸류어블스

□ 안전금고 **safety box** 세이프티 박스

□ 내선전화 **extension phone** 익스텐션 포운

□ 수영장 **swimming pool** 스위밍 풀

□ 샤워실 **shower court** 샤워 코트

□ 사용료 **fee** 피이

□ 무료 **free** 프리

□ 자동판매기 **vending machine** 벤딩 머신

□ 미용실 **beauty parlor** 뷰티 팔러

memo

여행을 추억하다

호텔에서 문제 발생 1

호텔에서 문제가 발생할 경우 당황하지 말고 즉시 프런트에 연락하도록 합니다.
전화로 의사소통이 어렵거나 방을 떠날 수 없을 경우 사람을 보내달라고 요청하여 프런트의
도움을 받도록 합니다.

1 미안하지만, 열쇠를 방에 두고 왔습니다.

I'm sorry, I left the key in my room.
아임 소리 아이 레프트 더 키 인 마이 룸

2 열쇠를 잃어버렸습니다.

I lost the key.
아이 로스트 더 키

3 문이 잠기지 않습니다.

The room door won't lock.
더 룸 도어 워운트 락

4 이 방은 너무 시끄러워서 못 자겠어요.

It's too noisy to sleep in this room.
잇츠 투 노이지 투 슬립 인 디스 룸

5 더 조용한 방을 부탁합니다.

A quieter one, please.
어 콰이러 원 플리-즈

6 시트가 더러운데요.

I'm afraid the sheets are not clean.
아임 어프레이드 더 쉬츠 아 낫 클리인

7 방 청소가 안 되어 있습니다.

The room wasn't cleaned.
더 룸 워즌트 클리인드

8 화장실이 고장인 것 같습니다. 어떻게 좀 해 주십시오.

I'm afraid the toilet doesn't work. I need help.
아임 어프레이드 더 토일릿 더즌 워크 아이 니드 헬프

06 호텔에서 문제 발생 2

 욕실을 이용할 때에는 밖으로 물이 튀지 않도록 샤워 커튼을 욕조 안쪽으로 하고 사용하도록
합니다. 여권이나 현금 등 중요한 귀중품은 프런트 맡기거나 대여금고(Safety Box)에 보관하여
분실하는 일이 없도록 합니다.

1 화장실에 휴지가 없습니다.

There is no toilet paper in the bathroom.
데어 이즈 노우 토일렛 페이퍼 인 더 배스룸

2 욕실에 수건이 없습니다.

There's no towel in the bathroom.
데어즈 노우 타월 인 더 배스룸

3 방이 너무 춥습니다
(덥습니다).

It is too cold(hot).
잇 이즈 투 콜드(핫)

4 침대 등이 켜지지 않습니다.

The side-lamp doesn't turn on.
더 사이드 램프 더즌 턴 언

5 에어컨이 작동하지 않습니다.

The air conditioner isn't working.
디 에어 컨디셔너 이즌 워킹

6 TV가 고장났어요.

The TV is broken.
더 티버 이즈 브로큰

7 더운 물이 나오지 않습니다.

I can't get hot water.
아이 캔 겟 핫 워러

8 수도꼭지가 망가졌습니다.

The faucet is broken.
더 포싯 이즈 브로큰

부록

Chapter 05

투숙객   방을 바꿀 수 있을까요?
Could you change the room?
쿠 쥬 체인쥐 더 룸

직원   잠시만 기다리세요. 확인해 보겠습니다.
Just a moment and I'll check.
저스트 어 모우먼트 앤 아일 체크

직원   언제 바꾸고 싶으신가요?
When would you like to change?
웬 우 쥬 라이크 투 체인쥐

투숙객   가능하다면 내일 부탁합니다.
Tomorrow, if possible.
터마-러우 이프 파서블

투숙객   에어컨이 고장 났습니다.
The air conditioner is broken.
디 에어 컨디셔너 이즈 브로큰

직원   죄송합니다. 곧 수리해 드리겠습니다.
We're sorry, we'll fix it soon.
위어 쏘리 위일 픽스 잇 순

□ 비누	**soap** 소웁	□ 베개	**pillow** 필로우
□ 샴푸	**shampoo** 샴푸	□ 알람시계	**alarm clock** 얼람 클락
□ 린스	**hair conditioner** 헤어 컨디셔너	□ 모포	**blanket** 블랭킷
□ 냉방	**air conditioning** 에어 컨디셔닝	□ 시트	**sheet** 쉿트
□ 난방	**heating** 히팅	□ 엘리베이터	**elevator / lift** 엘리베이러 / 리프트
□ 더운	**hot** 핫	□ 비상구	**emergency exit** 이머전시 엑시트
□ 추운	**cold** 콜드	□ 비상계단	**emergency stairway** 이머전시 스테어웨이
□ 시원한	**cool** 쿨	□ 출입 금지	**keep out** 킵 아웃
□ 냉장고	**refrigerator** 리프리저레이러	□ 고장	**out of order** 아웃 어브 오더
□ 드라이어	**drier** 드라이어		

memo

여행을 추억하다

호텔 체크아웃 1

 일반적으로 호텔의 체크아웃 시간은 12시 전후로 되어 있는 경우가 많습니다.
정산해야 할 부분이 있다면 미리 청구서를 프런트에 요청하여 체크아웃 시간을 아끼도록 합니다.

1 지금 체크아웃하고 싶습니다.

I'd like to check out now.
아이드 라이크 투 체크 아웃 나우

2 예정보다 하루 빨리 체크아웃 하고 싶습니다.

I'd like to check out one day early.
아이드 라이크 투 체크 아웃 원 데이 어얼리

3 하루 더 연장하고 싶은데요.

I'd like to stay one more night.
아이드 라이크 투 스테이 원 모어 나잇

4 지불을 마스터 카드로 할 수 있습니까?

Can I use the Master Card?
캔 아이 유즈 더 매스터 카드

5 명세서를 볼 수 있습니까?

Can I see the bill, please?
캔 아이 시 더 빌 플라-즈

6 영수증을 주십시오.

Please give me a receipt.
플라-즈 기브 미 어 리시트

7 이것은 무슨 요금입니까?

What is this for?
왓 이즈 디스 퍼

8 덕분에 잘 쉬었습니다.

Thank you very much, I really had a good time.
쌩 큐 베리 머취 아이 리얼리 해 더 굿 타임

호텔 체크아웃 2

체크아웃 전에 가져온 짐들을 빠짐없이 미리 정리하도록 합니다.
택시를 불러서 이동해야 할 경우에는 미리 프런트에 연락하여 콜택시를 요청하도록 합니다.

1 방에 가방을 두고 온 것 같아요.

I'm afraid I've left my bags in the room.
아임 어프레이드 아이브 레프트 마이 백스 인 더 룸

2 이 가방을 2시간 정도 더 맡아 주시겠습니까?

Could you please keep my bags for two more hours?
쿠 쥬 플리-즈 킵 마이 백스 퍼 투 모어 아워스

3 가방을 택시까지 운반해 주시 겠습니까?

Could you please bring my bags to the taxi?
쿠 쥬 플리-즈 브링 마이 백스 투 더 택시

4 맡겨둔 귀중품을 주십시오.

Can I have my valuables which you're holding?
캔 아이 해브 마이 밸류어블스 위치 유어 홀딩

5 택시를 불러주세요.

Call a cab, please.
콜 어 캡 플리-즈

6 12시 비행기에 타려면 몇 시에 출발하면 됩니까?

When should I leave here for a twelve o'clock flight?
웬 슈드 아이 라-브 히어 퍼 어 트웰브 어클럭 플라잇

7 공항까지 리무진 버스를 이용 할 수 있습니까?

Is it possible to use a limousine bus to the airport?
이즈 잇 파서블 투 유즈 어 리무진 버스 투 디 에어포트

8 다음 리무진 버스는 언제 떠납니까?

When does the next limousine leave?
웬 더즈 더 넥스트 리무진 라-브

여행

Chapter 05

여행자 　체크아웃은 몇 시입니까?

What time is check out?

왓 타임 이즈 체크 아웃

직원 　12시에 체크아웃하시면 됩니다.

Check out is 12 o'clock.

체크 아웃 이즈 트웰브 어클락

투숙객 　체크아웃하려고 합니다.

I'd like to check out, please.

아이드 라이크 투 체크 아웃 플라-즈

직원 　방 번호를 알려주세요.

Your room number, please.

유어 룸 넘버 플라-즈

투숙객 　하룻밤 더 연장할 수 있을까요?

May I stay here for one more night?

메이 아이 스테이 히어 퍼 원 모어 나잇

직원 　물론이죠. 즐겁게 보내십시오.

Sure. Enjoy your stay.

슈어 인조이 유어 스테이

투숙객 　여행자 수표도 됩니까?

Can I pay with traveler's checks?

캔 아이 페이 위드 트레블러스 첵스

직원 　네. 여기 사인하세요.

Yes. Sign here, please.

예스 사인 히어 플라-즈

실용단어

□ 주문하다	**order** 오더		□ 실내 냉장고	**small bar** 스몰 바
□ 추가의	**additional** 애디셔널		□ 외선전화	**outside call** 아웃사이드 콜
□ 정산하다	**pay bill** 페이 빌		□ 안전금고	**safety-box** 세이프티 박스
□ 서비스료	**service charge** 서비스 차-지		□ 세금	**tax** 택스
□ 영수증	**receipt** 리시트		□ 연장하다	**extend** 익스텐드

memo

여행을 추억하다

Chapter **6. 식사**

좋은 식당을 찾기 위한 방법은 여러 가지가 있습니다. 요즘은 블로그나 각종 SNS를 통해 맛집이나 음식에 대한 정보를 손쉽게 알아 볼 수 있습니다. 현지인에게 직접 물어 보는 것도 좋은 방법이겠죠!

1 좋은 레스토랑을 소개해 주시겠습니까?

Can you recommend a good restaurant, please?
캔 유 레코멘드 어 굿 레스토런트 플리~즈

2 이 지역의 특산물 요리는 무엇입니까?

What is the speciality around here?
왓 이즈 더 스페셜리티 어라운드 히어

3 이 지역 명물요리를 먹고 싶습니다.

I'd like to eat local food.
아이드 라이크 투 잇 로컬 푸~드

4 해산물 요리를 먹고 싶습니다.

I'd like to have seafood.
아이드 라이크 투 해브 씨푸~드

5 근처에 한국식당이 있습니까?

Is there a Korean restaurant close by?
이즈 데어 어 코리언 레스토런트 클로우즈 바이

6 그다지 비싸지 않은 식당을 찾고 있습니다.

I'd like to go to an inexpensive restaurant.
아이드 라이크 투 고우 투 언 인익스펜시브 레스토런트

7 여기에서 제일 가까운 중국식당은 어디입니까?

Where is the closest Chinese restaurant from here?
웨어 이즈 더 클로우시스트 치이니즈 레스토런트 프럼 히어

8 예약해야 합니까?

Do I need a reservation?
두 아이 니드 어 레저베이션

레스토랑 예약

레스토랑의 예약은 전화를 통해서도 할 수 있고, 예약사이트를 통해서도 가능합니다.
예약 인원과 시간, 예약자 이름을 말하고, 레스토랑에 복장 규정(**dress code**)이 있는지도 미리
확인하도록 합니다.

1 오늘 밤 예약하고 싶습니다.

I'd like to make a reservation for tonight.
아이드 라이크 투 메이크 어 레저베이션 퍼 투나잇

2 전망이 좋은 테이블로 부탁 합니다.

I would like to have a table with a nice view, please.
아이 우드 라이크 투 해 버 테이블 위드 어 나이스 뷰 플리-즈

3 몇 분이십니까?

For how many people?
퍼 하우 매니 피-플

4 오늘 저녁 4인석으로 예약 부탁드립니다.

Please reserve a table for four this evening.
플리-즈 리저-브 어 테이블 퍼 포 디스 이브닝

5 몇 시로 예약하시겠습니까?

What time would you like to make a reservation?
왓 타임 우 쥬 라이크 투 메이커 레저베이션

6 8시 이후면 좋을 것 같습니다.

After eight will be fine.
애프터 에잇 윌 비 파인

7 그 시간은 자리가 없습니다.

All the tables are reserved for that time.
올 더 테이블스 아 리저브드 퍼 댓 타임

8 예약을 취소하고 싶습니다.

I'd like to cancel the reservation.
아이드 라이크 투 캔슬 더 레저베이션

여행자	예약 좀 해주시겠어요?
	Would you make a reservation for us?
	우 쥬 메이크 어 레저베이션 퍼 어스

직원	네.
	Yes, sure.
	예스 슈어

직원	몇 분이십니까?
	How many are with you?
	하우 매니 아 위드 유

여행자	네 명입니다.
	We're four.
	위아 포어

여행자	예약하지 않았습니다만, 빈자리가 있습니까?
	I didn't make a reservation. Can I get a seat?
	아이 디든 메이크 어 레저베이션 캔 아이 겟 어 시잇

직원	지금은 빈자리가 없습니다.
	All the seats are taken right now.
	올 더 시잇츠 아 테이큰 라잇 나우

여행자	정장을 해야 합니까?
	Should I get dressed?
	슈드 아이 겟 드레스트

직원	예. 정장을 하셔야 합니다.
	Yes, you have to be dressed up.
	예스 유 해브 투 비 드레스트 업

□ 한국 요리	**Korean food** 코리언 푸드	□ 고기 요리	**meat food** 밋 푸드
□ 일본 요리	**Japanese food** 재패니즈 푸드	□ 맛있는	**delicious** 딜리셔스
□ 중국 요리	**Chinese food** 차이니즈 푸드	□ 유명한	**famous** 페이머스
□ 스페인 요리	**Spanish food** 스패니쉬 푸드	□ 고급의	**high-grade** 하이 그레이드
□ 프랑스 요리	**French food** 프렌치 푸드	□ 적당한	**suitable** 슈터블
□ 이탈리아 요리	**Italian food** 이탈리언 푸드	□ 분위기가 좋은	**good atmosphere** 굿 앳모스피어
□ 지역 요리	**local food** 로컬 푸드	□ 경치가 좋은	**with a nice view** 위드 어 나이스 뷰
□ 해산물 요리	**sea food** 씨 푸드	□ 조용한	**quiet** 콰이어트

memo

여행을 추억하다

03 메뉴

 여행의 즐거움 중 빠질 수 없는 것이 여러 나라의 다양한 음식을 맛보는 것일 겁니다.
여행지에서 그동안 접할 수 없었던 그 나라의 음식들을 경험해보는 것은 좋은 기회가 될 것입니다.

1 메뉴를 볼 수 있습니까?

Can I see a menu?
캔 아이 시 어 메뉴

2 한국어 메뉴는 없습니까?

Do you have a menu in Korean?
두 유 해 버 메뉴 인 코리언

3 주문해도 됩니까?

Will you take our order?
윌 유 테이크 아우어 오더

4 추천 요리는 무엇입니까?

What would you recommend?
왓 우 쥬 레코멘드

5 이걸로 할게요.

I'll take this.
아일 테이크 디스

6 같은 걸로 주십시오.

The same, please.
더 세임 플리-즈

7 주문을 변경해도 됩니까?

May I change my order?
메이 아이 체인쥐 마이 오더

8 가장 빨리 나오는 요리는
무엇입니까?

Which is the quickest dish you can make?
위치 이즈 더 퀵스트 디쉬 유 캔 메이크

04 음식 주문

 메뉴판에 있는 메뉴를 확인하고 음식을 주문해 보도록 합니다. 메뉴판이 현지 언어로 되어있을 경우 영어로 작성된 것을 부탁해 보도록 합시다. 메뉴를 알 수 없을 때에는 종업원에게 물어보거나, 다른 테이블의 음식들을 참고해 보는 것도 방법입니다.

1 정식은 있습니까?

Do you have a set menu?
두 유 해 버 셋 메뉴

2 지역 특산 와인을 마시고 싶습니다.

I'd like to have local wine.
아이드 라이크 투 해브 로컬 와인

3 이 요리와 어울리는 와인을 소개해 주세요.

Please recommend a good wine for this dish.
플리-즈 레코멘드 어 굿 와인 피 디스 디쉬

4 고기는 어떻게 요리해 드릴 까요?

How would you like your meat cooked?
하우 우 쥬 라이크 유어 밋 쿡트

5 웰던으로 부탁합니다.

Well-done, please.
웰던 플리-즈

6 빵을 좀 더 주십시오.

I'd like to have more bread, please.
아이드 라이크 투 해브 모어 브레드 플리-즈

7 물을 한 잔 더 주시겠어요?

May I have another glass of water?
메이 아이 해브 어너더 글래스 어브 워러

8 디저트를 주시겠어요?

Can I have a dessert, please?
캔 아이 해 버 디저트 플리-즈

식사

06

Chapter

101

Dialogue

손님	메뉴를 보고 싶은데요.

I'd like a menu, please.

아이드 라이크 어 메뉴 플라-즈

웨이터	메뉴 여기 있습니다.

Here is our menu.

히어 이즈 아우어 메뉴

웨이터	주문하시겠습니까?

Are you ready to order now?

아유 레디 투 오더 나우

손님	아직 결정하지 못했습니다. 잠시만요.

I haven't decided yet. Just a minute, please.

아이 해븐트 디싸이디드 옛 저스트 어 미닛 플라-즈

웨이터	고기는 어떻게 요리해 드릴까요?

How would you like your meat cooked?

하우 우 쥬 라이크 유어 밋 쿡트

손님	미디엄으로 주세요.

Medium, please.

미디엄 플라-즈

102

☐ 오늘의 요리	**today's special** 투데이스 스페셜		☐ 특별요리	**special dish** 스페셜 디쉬
☐ 스푼	**spoon** 스푼		☐ 조미료	**condiments** 컨더먼츠
☐ 포크	**fork** 포크		☐ 소스	**sauce** 소스
☐ 나이프	**knife** 나이프		☐ 후추	**pepper** 페퍼
☐ 잔	**glass** 글래스		☐ 소금	**salt** 솔트
☐ 젓가락	**chopsticks** 찹스틱스		☐ 케첩	**ketchup** 케첩
☐ 접시	**plate** 플레이트		☐ 마요네즈	**mayonnaise** 메이어네이즈
☐ 요리	**dish** 디쉬		☐ 겨자	**mustard** 머스터드

memo

여행을 추억하다

식사

Chapter 06

음식

메뉴를 보면 식전 음식으로 수프, 샐러드 등이 있고, 메인 요리, 마지막으로 후식인 디저트 종류가 있습니다. 메뉴를 잘 모를 경우에는 오늘의 요리(**Today's Special**)나 종업원에게 추천을 받아보는 것도 좋은 방법입니다.

1 정말 맛있네요.

It's very delicious.
잇츠 베리 딜리셔스

2 맛이 이상한데요.

This tastes strange.
디스 테이스츠 스트레인쥐

3 주문한 음식이 아직 안 나왔어요.

I didn't get my food yet.
아이 디든 겟 마이 푸드 옛

4 이것은 제가 주문한 것이 아닌데요.

Excuse me, this is not my order.
익스큐즈 미 디스 이즈 낫 마이 오더

5 잘 안 익었는데요.

This isn't cooked completely.
디스 이즌 쿡트 컴플릿틀리

6 이 스테이크는 너무 익혔는데요.

I'm afraid this steak is over done.
이엠 어프레이드 디스 스테이크 이즈 오버 던

7 곧 떠나야 해서요. 서둘러 주시겠습니까?

I have to leave soon. Could you please hurry up?
아이 해브 투 리~브 순 쿠 쥬 플리즈 허리 업

8 주문을 취소해도 됩니까?

Can I cancel my order, please?
캔 아이 캔슬 마이 오더 플리즈

식탁에서

식사를 할 때에는 식사 예절을 지키도록 합니다. 소리를 내서 음식을 먹거나, 큰 소리로 대화한다든지 하는 것은 매너에 어긋나는 행동입니다. 식사 중 자리를 잠깐 비울 경우에는 포크와 나이프를 八자로 놓고 일어나야 합니다.

1 주문을 확인해 주시겠습니까?

Can you please check the order?
캔 유 플리~즈 체크 디 오더

2 빵을 더 주세요.

Some more bread, please.
섬 모어 브레드 플리~즈

3 포크를 새로 가져다 주세요.

Another fork, please.
어나더 포크 플리~즈

4 접시를 한 개 더 주시겠습니까?

Could you bring us another plate, please?
쿠 쥬 브링 어스 어나더 플레잇 플리~즈

5 냅킨 좀 가져다 주시겠어요?

Could you bring me some napkins?
쿠 쥬 브링 미 섬 냅킨즈

6 리필해 주시겠어요?

Can I get a refill, please?
캔 아이 겟 어 리필 플리~즈

7 테이블 좀 치워주시겠어요?

Could you please clear off the table?
쿠 쥬 플리~즈 클리어 어프 더 테이블

8 남은 것을 포장해 주시겠어요?

Will you wrap it up?
윌 유 랩 잇 업

식사

06
Chapter

 **Dialogue**

손님	음식에 머리카락이 들어 있어요.

There is a hair in my food.

데어 이즈 어 헤어 인 마이 푸드

웨이터	정말 죄송합니다. 새것으로 다시 가져다 드리겠습니다.

I'm terribly sorry. I'll get you a new one.

아임 테러블리 소리 아일 겟 유 어 뉴 원

손님	이 고기는 충분히 익지 않았어요.

This meat isn't done well enough.

디스 밋 이즌 돈 웰 이너프

웨이터	충분히 익혀달라고 하셨나요?

Did you order it well-done?

디드 유 오더 잇 웰던

손님	주문한 요리가 아직 나오지 않았습니다.

I haven't gotten my order yet.

아이 해븐 갓튼 마이 오더 옛

웨이터	곧 나올 겁니다.

I think you can have it soon.

아이 씽크 유 캔 해브 잇 순

□ 식당	**restaurant** 레스토런트	□ 돼지고기	**pork** 포크
□ 식사	**meal** 밀	□ 닭고기	**chicken** 치킨
□ 주문	**order** 오더	□ 양고기	**mutton** 머튼
□ 메뉴	**menu** 메뉴	□ 소고기	**beef** 비프
□ 아침식사	**breakfast** 브렉퍼스트	□ 생선	**fish** 피쉬
□ 점심식사	**lunch** 런치	□ 해물요리	**seafood** 씨푸드
□ 저녁식사	**dinner / supper** 디너 / 서퍼	□ 바다가재	**lobster** 랍스터
□ 지역음식	**local food** 로컬 푸드	□ 게	**crab** 크랩
□ 프랑스요리	**French food** 프렌치 푸드	□ 굴	**oyster** 오이스터
□ 중국요리	**Chinese food** 차이니즈 푸드	□ 연어	**salmon** 새먼
□ 스테이크	**steak** 스테이크		

memo

여행을 추억하다

07 디저트 & 음료

 식사가 거의 마무리 되었으면 종업원에게 디저트를 부탁하도록 합니다.
음료의 경우 콜라, 스프라이트, 환타 등 브랜드 이름으로 주문하도록 합니다.

1 식사에 디저트가 포함되어 있나요?

Is dessert included with dinner?
이즈 디저트 인클루디드 위드 디너

2 디저트는 무엇이 있습니까?

What would you like for dessert?
왓 우 쥬 라이크 퍼 디저트

3 디저트로 애플파이를 주세요.

Apple pie for dessert, please.
애플 파이 퍼 디저트 플리-즈

4 음료수는 무엇이 있습니까?

What kind of drinks do you have?
왓 카인 어브 드링크스 두 유 해브

5 커피를 좀 더 마실 수 있을 까요?

Can I have more coffee?
캔 아이 해브 모어 커피

6 콜라를 리필해 주시겠어요?

Could I have a refill on my coke, please?
쿠드 아이 해 버 리필 언 마이 코우크 플리-즈

7 백포도주 한 잔 부탁드립니다.

A glass of white wine, please.
어 글래스 어브 와잇 와인 플리-즈

8 배가 불러서 디저트는 못 먹을 것 같아요.

I'm afraid I have no more room for dessert.
아임 어프레이드 아이 해브 노우 모어 룸 퍼 디저트

패스트푸드

여행지에서 저렴한 금액으로 식사할 수 있는 메뉴로 역시 패스트푸드를 뽑을 수 있습니다.
실패할 확률이 적은 메뉴이지만 국내에서도 먹을 수 있는 만큼 특별한 경우가 아니라면 다양한
지역 음식을 경험해 보는 것을 추천 드립니다.

1 어디에서 주문합니까?

Where do I order?
웨어 두 아이 오더

2 햄버거와 콜라를 주세요.

Hamburger and coke, please.
햄버거 앤 코우크 플리-즈

3 감자튀김을 추가해 주세요.

And then, please add a French fries.
앤 덴 플리-즈 애드 어 프렌치 프라이스

4 양파는 빼고 주세요.

Hold the onions, please.
호울 더 오니언스 플리-즈

5 콜라에 얼음을 더 넣어주시 겠어요?

Can I have more ice in my coke?
캔 아이 해브 모어 아이스 인 마이 코우크

6 음료에서 얼음은 빼 주세요.

No ice in my drink, please.
노우 아이스 인 마이 드링크 플리-즈

7 여기서 드실 건가요, 가지고 가실 건가요?

Here or to go, sir?
히어 오어 투 고우 써

8 가져갈 거예요. / 여기서 먹을 거예요.

I'll take them out. / I'll eat here.
아일 테이크 뎀 아웃 / 아일 잇 히어

식사

Chapter 06

109

웨이터 　지금 디저트를 주문하시겠습니까?

Would you like to order dessert now?

우 쥬 라이크 투 오더 디저트 나우

손님 　디저트는 생략하겠습니다.

I'll skip the dessert.

아일 스킵 더 디저트

웨이터 　커피를 더 드시겠습니까?

Would you like more coffee?

우 쥬 라이크 모어 커피

손님 　아니요. 괜찮아요.

No, thank you.

노우 쌩 큐

손님 　우유 좀 데워 주세요.

Please warm this milk.

플라-즈 웜 디스 밀크

웨이터 　알겠습니다. 잠시만 기다리세요.

I got it. Wait for a while.

아이 갓 잇 웨이트 퍼 어 와일

웨이터 　와인은 무엇으로 하시겠습니까?

What kind of wine would you like?

왓 카인 어브 와인 우 쥬 라이크

손님 　샤토우로 주세요.

Chateau, please.

쉐토우 플라-즈

실용단어

□ 전채요리	**appetizer** 에피타이저	□ 빵	**bread** 브레드
□ 주요리	**main dishes** 메인 디쉬즈	□ 콘플레이크	**cornflakes** 콘플레익스
□ 가벼운 식사	**light meal** 라잇 미일	□ 과일	**fruit** 프룻
□ 햄버거	**hamburger** 햄버거	□ 음료수	**drinking water** 드링킹 워러
□ 샐러드	**salad** 샐러드	□ 맥주	**beer** 비어
□ 수프	**soup** 수프	□ 백포도주	**white wine** 와잇 와인
□ 맑은 수프	**consomme** 콘소메이	□ 적포도주	**red wine** 레드 와인
□ 진한 수프	**potage** 포타쥐	□ 술	**liquor** 리쿼

memo

여행을 추억하다

식사

Chapter 06

111

Chapter **7. 관광**

01 관광 안내소 1

 여행지에서 그 나라의 여행 정보를 얻으려면 관광 안내소를 적극 활용해 보는 것을 추천 드립니다.
호텔이나 레스토랑의 안내, 관광여행 상품의 소개, 공연 예약 등 다양한 정보를 얻을 수 있습니다.

1 관광 안내소는 어디입니까?

Where is the tourist information?
웨어 이즈 더 투어리스트 인포메이션

2 이 도시의 지도가 있습니까?

Do you have a map of this town?
두 유 해 버 맵 어브 디스 타운

3 한국어로 된 팸플릿이 있습니까?

Do you have a pamphlet written in Korean?
두 유 해 버 팸플릿 리튼 인 코리언

4 이 도시에서 가장 멋진 관광지는 어디입니까?

What is the best place to visit in this town?
왓 이즈 더 베스트 플레이스 투 비짓 인 디스 타운

5 어떤 투어가 인기 있습니까?

Which sightseeing tour is popular?
위치 사잇싱 투어 이즈 파퓰러

6 시내 관광이 있나요?

Are there any city tours?
아 데어 애니 시티 투어스

7 하루 관광이 있습니까?

Do you have a full-day tour?
두 유 해 버 풀 데이 투어

8 여기서 예약할 수 있습니까?

Can I make a reservation here?
캔 아이 메이크 어 레저베이션 히어

요즘은 각종 정보를 인터넷으로 미리 확인해 볼 수 있어서 매우 유용하지만, 현지의 상황을 가장 잘 알고 있는 곳인 만큼 관광안내소를 잘 활용하면 더욱 즐거운 여행이 될 것입니다.

1 시내관광 안내를 부탁합니다.

City sightseeing information, please.
시티 사잇싱 인포메이션 플라즈

2 야간 관광은 있습니까?

Do you have a night time tour?
두 유 해 버 나잇 타임 투어

3 가이드가 동행하나요?

With a guide?
위드 어 가이드

4 한국인 가이드가 있습니까?

Is there a Korean guide?
이즈 데어 어 코리언 가이드

5 점심식사 포함입니까?

Is lunch included?
이즈 런처 인클루디드

6 교통편은 무엇을 이용합니까?

What transportation will we use?
왓 트랜스포테이션 윌 위 유즈

7 옵션 관광이 있나요?

Do you have any optional tours?
두 유 해브 애니 옵셔널 투어스

8 내일 이 관광을 예약하고 싶습니다.

I'd like to make a reservation on this tour for tomorrow.
아이드 라이크 투 메이크 어 레저베이션 언 디스 투어 퍼 터마~리우

관광

Chapter 07

115

 **Dialogue**

여행자   무료 도시지도가 있을까요?
Is there a free city map?
이즈 데어 이 프리 시티 맵

직원   네, 있습니다.
Yes, there is.
예스 데어 이즈

직원   무엇을 도와 드릴까요?
May I help you?
메이 아이 헬프 유

여행자   이 지역의 안내서를 얻고 싶어요.
I'd like a guide book for this area, please.
아이드 라이크 어 가이드 북 퍼 디스 에어리어 플리-즈

여행자   하루 관광이 있습니까?
Do you have a full-day tour?
두 유 해 버 풀 데이 투어

직원   반나절 관광과 하루 관광이 있습니다.
There's a half-day tour and a full-day tour.
데어즈 어 하프 데이 투어 앤 어 풀 데이 투어

116

□ 관광	**sightseeing tour** 사잇싱 투어	□ 추천	**recommendation** 레코멘데이션
□ 시내 관광	**city sightseeing** 씨티 사잇싱	□ 관광 요금	**tour fare** 투어 페어
□ 시내지도	**town map** 타운 맵	□ 점심제공	**with lunch** 위드 런치
□ 노선도	**route map** 루트 맵	□ 관광 안내소 **tourist information office** 투어리스트 인포메이션 오피스	
□ 유람선	**sightseeing boat** 사잇싱 보우트	□ 관광안내 팸플릿 **tourist information brochure** 투어리스트 인포메이션 브로셔	
□ 예약	**reservation** 레저베이션	□ 반나절 관광코스 **half-day tour** 하프 데이 투어	
□ 장소	**place** 플레이스	□ 1일 관광코스 **full-day tour** 풀 데이 투어	
□ 집합시간	**meeting time** 미팅 타임		
□ 해산시간	**breaking time** 브레이킹 타임		

memo

여행을 추억하다

03 관광지 1

 공원이나 박물관, 전시관 등을 방문할 때에는 그곳의 에티켓을 지켜야 합니다.
전시된 작품을 만지거나 큰 소리로 대화하는 등 다른 사람에게 불쾌감을 주는 행동을 삼가야
합니다.

1 좋은 장소를 추천해 주세요.

Could you recommend some good places.
쿠 쥬 레코멘드 섬 굿 플레이시스

2 재미있는 장소를 추천해 주시
겠어요?

Could you recommend some interesting places?
쿠 쥬 레코멘드 섬 인터레스팅 플레이시스

3 명소나 유적이 있나요?

Are there any famous places or historical sites?
아 데어 애니 페이머스 플레이시스 오어 히스토리컬 사이츠

4 어떻게 가면 되나요?

How can I get there?
하우 캔 아이 겟 데어

5 걸어서 갈 수 있습니까?

Walking distance?
워킹 디스턴스

6 그곳은 무엇으로 유명합니까?

What's it famous for?
왓츠 잇 페이머스 퍼

7 입장료는 얼마입니까?

How much is admission?
하우 머취 이즈 어드미션

8 몇 시까지 개관합니까?

How late are you open?
하우 레잇 아 유 오픈

관광지 2

여행 중 기억에 남는 순간을 간직하고 싶다면 사진으로 남겨보는 것도 좋은 방법입니다.
관광지에 따라 사진 촬영에 제한을 두는 곳도 있으니 사진 촬영이 가능한지 여부를 미리
확인하도록 합니다.

1 링컨 박물관에는 어떻게
가나요?

How do I go to the Lincoln Museum?
하우 두 아이 고우 투 더 링컨 뮤지엄

2 이 거리의 이름은 무엇입니까?

What is the name of this street?
왓 이즈 더 네임 어브 디스 스트릿

3 이 지도상에서 저의 위치는
어디인가요?

Where am I now on this map?
웨어 엠 아이 나우 언 디스 맵

4 여기서 가깝습니까?

Is it near here?
이즈 잇 니어 히어

5 출구 / 엘리베이터는 어디
있나요?

Where is the exit / elevator, please?
웨어 이즈 디 엑시트 / 엘리베이러 플리즈

6 여기서 사진을 찍어도 됩니까?

May I take pictures here?
메이 아이 테이크 픽처스 히어

7 제 사진을 찍어 주시겠습니까?

**Would you please take a picture of
me?**
우 쥬 플리즈 테이크 어 픽처 어브 미

8 당신과 함께 사진을 찍어도
되겠습니까?

Can I take a picture with you?
캔 아이 테이크 어 픽처 위드 유

관광

여행자　하이드 파크로 가는 길을 알려주시겠어요?

Please tell me the way to hyde Park?

플리-즈 텔 미 더 웨이 투 하이드 파크

행인　네. 곧장 두 블록 더 가세요.

Sure. Go straight for two more blocks.

슈어 고우 스트레잇 퍼 투 모어 블럭스

여행자　택시로 얼마나 걸리나요?

How long does it take by taxi?

하우 롱 더즈 잇 테이크 바이 택시

행인　5분 정도 걸립니다.

It takes about 5 minutes.

잇 테이크스 어바웃 파이브 미닛츠

여행자　걸어서 어느 정도 걸립니까?

How long does it take on foot?

하우 롱 더즈 잇 테이크 언 풋

행인　30분 정도입니다.

About 30 minutes.

어바웃 써리 미닛츠

□ 명소	**famous spots** 페이머스 스팟츠	□ 축제	**festival** 페스티벌
□ 박람회	**fair / exposition** 페어 / 익스포지션	□ 입장료	**admission fee** 어드미션 피
□ 박물관	**museum** 뮤지엄	□ 매표소	**ticket office** 티킷 오피스
□ 미술관	**art gallery** 아트 갤러리	□ 무료	**free** 프리
□ 전시장	**exhibition** 엑시비션	□ 할인	**discount / reduction** 디스카운트 / 리덕션
□ 동물원	**zoo** 주	□ 입구	**entrance** 엔트런스
□ 식물원	**botanical garden** 보태니컬 가든	□ 출구	**exit** 엑시트
□ 수족관	**aquarium** 아쿠아리엄	□ 출입금지	**off limits** 어프 리밋츠
□ 공원	**park** 파크	□ 기념품점	**souvenir shop** 수버니어 샵
□ 유원지	**recreation ground** 레크리에이션 그라운드	□ 화장실	**rest room** 레스트 룸

memo

여행을 추억하다

관람 1

여행 일정을 계획하면서 그 나라에서만 볼 수 있는 공연이나 전시회, 축제 등을 일정에 넣어 봅시다.

오리지널 팀이 연기하는 뮤지컬이나 공연은 한국에서는 보기 힘든 색다른 경험이 될 것입니다.

1 표는 어디에서 살 수 있습니까?

Where can I buy a ticket?
웨어 캔 아이 바이 어 티킷

2 입장료는 얼마입니까?

What's the admission charge?
왓츠 디 어드미션 차-쥐

3 성인 2장 주세요.

Two adults, please.
투 어덜츠 플리-즈

4 박물관 투어가 있습니까?

Does this museum have a tour?
더즈 디스 뮤지엄 해 버 투어

5 한국어로 된 안내문이 있습니까?

Do you have a brochure in Korean?
두 유 해 버 브로서 인 코리언

6 시간은 얼마나 걸립니까?

How long does it take?
하우 롱 더즈 잇 테이크

7 지금은 무슨 특별 전시를 하고 있습니까?

Do you have any special exhibitions now?
두 유 해브 애니 스페셜 엑시비션즈 나우

8 폐관은 몇 시입니까?

When do you close?
웬 두 유 클로우즈

06 관람 2

여행 전에 관광지에 대한 정보를 미리 공부하고 가는 것을 적극 추천 드립니다. 박물관이나 관광지에 대한 내용을 미리 알고 관람하면 보는 재미도 높아지고, 그 나라의 문화를 이해하는데 큰 도움이 될 것입니다.

1 오늘 밤에는 어떤 공연을
합니까?

What is showing this evening?
왓 이즈 쇼잉 디스 이브닝

2 "캣츠"를 공연하고 있습니까?

Is "Cats" playing?
이즈 캣츠 플레잉

3 제일 저렴한 자리는 얼마입
니까?

**How much is the most cheapest
seat?**
하우 머취 이즈 더 모스트 치피스트 시잇

4 입석만 있습니다.

There is standing seats only.
데어 이즈 스탠딩 시잇츠 오운리

5 좌석 안내도가 있습니까?

Can I have a guide to the seating?
캔 아이 해 버 가이드 투 더 시잇팅

6 몇 시에 시작합니까?

What time does it begin?
왓 타임 더즈 잇 비긴

7 몇 시에 끝납니까?

What time will it be over?
왓 타임 윌 잇 비 오버

8 "오페라의 유령"은 어디에서
볼 수 있습니까?

**Where can I see "Phantom of the
opera"?**
웨어 캔 아이 시 팬텀 어브 디 아프러

관람

Chapter 07

123

 **Dialogue**

여행자   성인 두 장 주세요.

Two adults, please.

투 어덜츠 플라-즈

직원   20달러입니다.

20 dollars.

트웨니 달러즈

여행자   팸플릿은 있나요?

Can I get a pamphlet, please?

캔 아이 겟 어 팸플릿 플라-즈

직원   매점에 있습니다.

You can get one at the shop.

유 캔 겟 원 앳 더 샵

여행자   엽서는 있습니까?

Do you have post cards?

두 유 해브 포스트 카즈

직원   예, 입구에서 팝니다.

Yes, in front of gate.

예스 인 프론트 어브 게이트

실용단어

☐ 연극	**play** 플레이		☐ 자유석	**free seat** 프리 시잇
☐ 뮤지컬	**musical** 뮤지컬		☐ 입석	**standing seat** 스탠딩 시잇
☐ 영화	**movie** 무비		☐ 개관 시간	**opening time** 오프닝 타임
☐ 극장	**theater** 씨어러		☐ 폐관 시간	**closing time** 클로우징 타임
☐ 오페라	**opera** 아프러		☐ 무료 팸플릿	**free brochure** 프리 브로셔
☐ 오케스트라	**orchestra** 오케스트라		☐ 특별전	**special event** 스페셜 이벤트
☐ 콘서트	**concert** 칸서트		☐ 작품	**work** 워크
☐ 발레	**ballet** 밸레이		☐ 작가	**author / painter** 어써 / 페인터
☐ 매표소	**ticket office** 티킷 오피스		☐ 회화	**painting** 페인팅
☐ 입장료	**admission fee** 어드미션 피		☐ 조각	**sculpture** 스컬프쳐
☐ 지정석	**reserved seat** 리저브드 시잇			

memo

여행을 추억하다

Chapter 07 관광

스포츠

 요즘은 유럽의 축구리그 관람, 미국의 **NBA** 농구·메이저리그 관람 등 스포츠 관람을 위해 여행하는 분들이 많아졌습니다. 텔레비전으로만 보던 스포츠 중계를 직접 눈앞에서 볼 수 있는 기회를 만들어 보세요.

1 오늘밤에 야구 경기가 있습니까?

Is the baseball team playing here tonight?
이즈 더 베이스볼 팀 플레잉 히어 투나잇

2 프로야구 경기를 보고 싶습니다.

I'd like to see a pro baseball game.
아이드 라이크 투 시 어 프로 베이스볼 게임

3 표를 살 수 있습니까?

Can I get a ticket?
캔 아이 겟 어 티킷

4 1루 측 내야석을 주세요.

I'd like a seat towards first base.
아이드 라이크 어 시잇 토어즈 퍼얼스트 베이스

5 축구 경기표는 당일에 살 수 있나요?

Can I get a soccer game ticket on the day of the game?
캔 아이 겟 어 사커 게임 티킷 언 더 데이 어브 더 게임

6 경기는 몇 시부터입니까?

What time do they start?
왓 타임 두 데이 스타-트

7 초보자가 참가할 수 있는 스쿠버 다이빙 교실이 있습니까?

Are there scuba lessons for beginners?
아 데어 스쿠버 레슨즈 퍼 비기너즈

8 장비를 빌려 쓸 수 있습니까?

Can I use the equipment?
캔 아이 유즈 디 이큅먼트

08 바

여행을 하며 하루의 피로를 풀 수 있는 방법을 찾고 있다면 그 나라의 밤문화를 체험해 보는 것도 좋은 방법일 것입니다. 그 나라 사람들의 문화를 느껴보고 같이 즐겨 볼 수 있는 좋은 기회가 될 것입니다. 대신 지나친 음주는 주의하세요!

1 이 근처에 바가 있나요?

Are there any bars around here?
아 데어 애니 바스 어라운드 히어

2 맥주를 주세요.

Beer, please!
비어 플리-즈

3 위스키 있습니까?

Do you have whiskey?
두 유 해브 위스키

4 얼음을 띄어 주세요.

On the rocks, please.
언 더 락스 플리-즈

5 같은 걸로 한 잔 부탁해요.

The same one, please.
더 세임 원 플리-즈

6 독하지 않게 칵테일을 만들어 주십시오.

Give me a cocktail, not so strong, please.
기브 미 어 칵테일 낫 소우 스트롱 플리-즈

7 안주는 무엇이 있나요?

What kind of snacks do you have?
왓 카인드 어브 스넥스 두 유 해브

8 치즈를 좀 주십시오.

I'd like some cheese, please.
아이드 라이크 투 섬 치-즈 플리-즈

Chapter 07
관광

 **Dialogue**

손님   술은 있습니까?
Do you serve alcohol?
두 유 서브 알코홀

웨이터   와인과 맥주가 있습니다.
We have wine and beer.
위 해브 와인 앤 비어

웨이터   무슨 맥주를 드시겠습니까?
What kind of beer would you like?
왓 카인 어브 비어 우 쥬 라이크

손님   라이트 맥주 주세요.
I'd like a light beer, please.
아이드 라이크 어 라잇 비어 플리-즈

손님   스카치를 마시고 싶은데 무엇이 있나요?
I'd like to have scotch. What do you have?
아이드 라이크 투 해브 스카치 왓 두 유 해브

웨이터   스카치는 대부분 다 있습니다.
We have most all of the scotches.
위 해브 모스트 올 어브 더 스카치스

□ 술	**liquor** 리쿼		□ 스카치	**scotch** 스카치
□ 카운터	**counter** 카운터		□ 럼	**rum** 럼
□ 술집	**pub / tavern** 펍 / 태번		□ 진	**gin** 진
□ 칵테일 라운지	**cocktail lounge** 칵테일 라운지		□ 보드카	**vodka** 보드카
□ 바	**bar** 바		□ 테킬라	**tequila** 터킬러
□ 맥주	**beer** 비어		□ 더블	**double** 더블
□ 생맥주	**draft beer** 드래프트 비어		□ 얼음을 띄운	**on the rocks** 언 더 락스
□ 캔맥주	**canned beer** 캔드 비어		□ 물을 섞은	**with water** 위드 워러
□ 포도주	**wine** 와인		□ 잔	**glass** 글래스
□ 브랜디	**brandy** 브랜디		□ 병	**bottle** 바틀
□ 샴페인	**champagne** 샴페인		□ 캔	**can** 캔
□ 칵테일	**cocktail** 칵테일		□ 맥주 안주	**side dish for beer** 사이드 디쉬 퍼 비어
□ 위스키	**whiskey** 위스키		□ 모듬 땅콩	**mixed nuts** 믹스트 넛츠

memo

여행을 추억하다

여권

Chapter 07

Chapter 8. 쇼핑

쇼핑 안내 1

 여행의 또 다른 즐거움 중 쇼핑을 빼놓을 수 없을 것입니다. 백화점, 면세점, 전통 시장, 그 나라에서만 구입할 수 있는 물건을 파는 곳 등 다양한 상점들을 둘러보며 즐거운 시간을 가져 보세요.

1 이 부근에 쇼핑센터가 있습니까?

Is there a shopping area near here?
이즈 데어 어 쇼핑 에어리어 니어 히어

2 이 주변에 백화점이 있나요?

Is there a department store around here?
이즈 데어 어 디파트먼트 스토어 어라운드 히어

3 근처에 면세점이 있습니까?

Is there a duty free shop around here?
이즈 데어 어 듀티프리 샵 어라운드 히어

4 할인점을 찾고 있습니다.

I'm looking for a discount shop.
아임 룩킹 퍼 어 디스카운트 샵

5 벼룩시장은 어디에 있습니까?

Where is the flea market?
웨어 이즈 더 플리아 마켓

6 좋은 상점을 추천해 주시겠습니까?

Could you recommend a good shop?
쿠 쥬 레코멘드 어 굿 샵

7 기념품은 어디에서 살 수 있나요?

Where can I buy some souvenirs?
웨어 캔 아이 바이 섬 수버니어스

8 이 쇼핑가의 안내도를 구할 수 있습니까?

Can I get an information guide for this mall?
캔 아이 겟 언 인포메이션 가이드 퍼 디스 몰

쇼핑 안내 2

 선물용으로 구입하거나 자신만의 여행의 추억을 남기고 싶다면 기념품을 구입해 보는 것도
좋은 방법입니다.
너무 비싼 것보다는 부담 없는 가격으로 기억에 남을만한 물건을 구입해 보는 것을 추천 드립니다.

1 식료품 매장은 몇 층입니까?

Which floor has foods?
위치 플로어 해즈 푸-즈

2 의류 매장은 몇 층입니까?

Which floor has clothing items?
위치 플로어 해즈 클로딩 아이템즈

3 여기에서 화장품을 살 수 있습니까?

Can I get cosmetics here?
캔 아이 겟 코스매틱스 히어

4 신발은 어디에서 살 수 있습니까?

Where can I get some shoes?
웨어 캔 아이 겟 섬 슈즈

5 젊은 사람에게 인기있는 브랜드점은 어디입니까?

Where is a popular brand shop for young people?
웨어 이즈 어 파퓰러 브랜드 샵 퍼 영 피-플

6 어떤 종류가 있습니까?

What kinds do you have?
왓 카인즈 두 유 해브

7 다른 것(저것)을 보여 주십시오.

Show me another(that) one, please.
쇼우 미 어너더(댓) 원 플리-즈

8 어디에 가면 그것을 살 수 있을까요?

Where can I buy it?
웨어 캔 아이 바이 잇

관광

Chapter 08

133

점원   찾는 것이 있나요?

Are you looking for something?

아 유 룩킹 퍼 섬씽

손님   나이프를 보여 주십시오.

Show me some knives, please.

쇼우 미 섬 나이브스 플라즈

점원   이것은 어떻습니까?

How about this one?

하우 어바웃 디스 원

손님   아직 정하지 않았습니다. 좀 도와주실 수 있습니까?

I'm not sure(certain). Maybe you can help me.

아임 낫 슈어(사-튼) 메이비 유 캔 헬프 미

점원   어서 오십시오.

May I help you?

메이 아이 헬프 유

손님   구경 좀 하겠습니다.

I'm just looking, thank you.

아임 저스트 룩킹 쌩큐

☐ 백화점	**department store** 디파트먼트 스토어	☐ 가게	**shop / store** 샵 / 스토어
☐ 면세점	**duty free** 듀티 프리	☐ 매장	**counter** 카운터
☐ 전문점	**specialty store** 스페셜티 스토어	☐ 추천하다	**recommend** 레코멘드
☐ 기념품점	**souvenir shop** 수버니어 샵	☐ 찾다	**look for** 룩 퍼
☐ 벼룩시장	**flea market** 플리 마켓	☐ 세일하다	**have a sale** 해 버 세일

memo

여행을 추억하다

옷 가게 1

 백화점의 경우 정찰제로 옷을 판매 하지만, 가격이 표시되어 있지 않은 상점이나 전통 시장에서는 가격 흥정이 가능합니다. 적정한 선에서 가격을 흥정해보는 것도 방법입니다.

1 이것 좀 보여주세요.

Please show me this one.
플라즈 쇼우 미 디스 원

2 입어 봐도 되나요?

Can I try this on?
캔 아이 트라이 디스 언

3 탈의실은 어디입니까?

Where is the fitting room?
웨어 이즈 더 피팅 룸

4 잠깐만 생각해 볼게요.

Let me think for a moment.
렛 미 씽크 퍼 어 모우먼트

5 다른 디자인이 있나요?

Do you have another design?
두 유 해브 어너더 디자인

6 지금 유행하는 것이 무엇인가요?

What's in fashion now?
왓츠 인 패션 나우

7 다른 옷들을 입어봐도 됩니까?

Can I try some other clothes?
캔 아이 트라이 섬 어더 클로드즈

8 거울을 볼 수 있을까요?

May I see a mirror?
메이 아이 시 어 미러

옷 가게 2

외국의 경우 옷 사이즈가 우리나라와 다르게 표기되어 있습니다. 구입하고자 하는 옷은 가능하면 먼저 입어보고 구매하는 것이 좋습니다. 매장에서는 물건을 만지기 전에 직원에게 먼저 물어보는 에티켓을 지키도록 합니다.

1 실례지만, 도와 주시겠어요?

Excuse me, can you help me?
익스큐즈 미 캔 유 헬프 미

2 50달러 정도의 청바지를 찾고 있습니다.

I'm looking for jeans which cost around fifty dollars.
아임 룩킹 퍼 진스 위치 코스트 어라운드 피프티 달러즈

3 이 스커트의 사이즈는 얼마 입니까?

What size is this skirt?
왓 사이즈 이즈 디스 스커-트

4 다른 사이즈는 없습니까?

Is there any other sizes?
이즈 데어 애니 어더 사이지즈

5 다른 색깔은 없습니까?

Do you have different colors?
두 유 해브 디퍼런트 컬러즈

6 좀 더 싼 것이 좋겠습니다.

I'd like something a little less expensive.
아이드 라이크 섬씽 어 리틀 레스 익스펜시브

7 이건 얼마입니까?

How much is this?
하우 머취 이즈 디스

8 거울을 보여 주십시오.

Let me check in the mirror.
렛 미 체크 인 더 미러

쇼핑

Chapter 08

137

 **Dialogue**

점원 무엇을 사고 싶으세요?
What would you like to buy?
왓 우 쥬 라이크 투 바이

손님 이 스웨터를 사려고요.
I'll take this sweater, please.
아일 테이크 디스 스웨터 플라-즈

손님 소재는 무엇입니까?
What is this made of?
왓 이즈 디스 메이드 어브

점원 면 100 퍼센트입니다.
A hundred percent cotton.
어 헌드렛 퍼-센트 코튼

점원 다른 찾고 있는 것이 있습니까?
Will there be anything else?
윌 데어 비 애니씽 엘스

손님 이것으로 충분합니다.
That's enough, thank you.
댓츠 이너프 쌩 큐

손님 세탁기로 세탁해도 됩니까?
Can this be machine-washed?
캔 디스 비 머신 와쉬트

점원 드라이클리닝만 해주세요.
Dry cleaning only.
드라이 클리닝 오운리

□ 청바지	**jeans** 진스		□ 아동복	**children's clothes** 칠드런즈 클로드즈
□ 티셔츠	**T-shirt** 티-셔트		□ 긴 소매	**long sleeve** 롱 슬라-브
□ 셔츠	**shirt** 셔트		□ 민소매	**sleeveless** 슬리브리스
□ 바지	**pants** 팬츠		□ 큰	**big** 빅
□ 스커트	**skirt** 스커트		□ 작은	**small** 스모올
□ 블라우스	**blouse** 블라우스		□ 헐렁한	**loose** 루-스
□ 스웨터	**sweater** 스웨터		□ 꽉 끼는	**tight** 타이트
□ 재킷	**jacket** 재킷		□ 꼭 맞는	**just fit** 저스트 핏
□ 가디건	**cardigan** 카디건		□ 긴	**long** 롱
□ 속옷	**underwear** 언더웨어		□ 짧은	**short** 쇼트
□ 양말	**socks** 싹스		□ 수수한	**plain** 플레인
□ 스타킹	**stocking** 스타킹		□ 화려한	**flashy** 플래쉬
□ 타이	**tie** 타이		□ 치수	**measure** 메저
□ 라운드 넥	**round-neck** 라운드 넥		□ 무늬	**pattern** 패턴
□ 브이 넥	**V-neck** 브이 넥		□ 깃	**collar** 칼러

memo

여행을 추억하다

쇼핑

 우리나라에서 구하기 힘든 제품이나 선물용으로 화장품을 구입하는 경우가 많습니다.
직원에게 먼저 필요한 모델과 색상을 문의하여 신중히 구매하도록 합니다.

1 이것과 똑같은 립스틱이
있나요?

Do you have the same lipstick as this?
두 유 해브 더 세임 립스틱 애즈 디스

2 이 색깔과 비슷한 립스틱이
있나요?

Do you have lipstick which is close to this color?
두 유 해브 립스틱 위치 이즈 클로우즈 투 디스 컬러

3 색상은 이것이 다인가요?

Are these all the colors?
아 디즈 올 더 컬러즈

4 샤넬 아이섀도 있나요?

Do you have any Chanel eye shadow?
두 유 해브 애니 샤넬 아이 섀도우

5 크리스챤 디오르 립스틱 57번
을 찾고 있습니다.

I'm looking for Christian Dior lipstick number 57.
아임 룩킹 퍼 크리스천 디올 립스틱 넘버 피프티 세븐

6 이것은 무슨 브랜드인가요?

What brand is this?
왓 브랜드 이즈 디스

7 인기있는 향수는 무엇입니까?

Which perfume is popular?
위치 퍼퓸 이즈 파퓰러

8 냄새가 강하지 않은 걸로
골라 주세요.

Please pick something which is not so strong.
플리즈 픽 섬씽 위치 이즈 낫 소우 스트롱

06 화장품 가게 2

외국의 유명 브랜드 제품들도 좋지만, 성분 등이 한국인의 피부에 맞지 않는 경우도 있습니다.
요즘은 **K-POP, K-Beauty** 등 한류의 영향으로 우리나라의 제품들이 외국에서 인기가 더
많아졌습니다.

1 어떤 색이 유행하고 있습니까?

Which color is now in fashion?
위치 컬러 이즈 나우 인 패션

2 사용해 봐도 될까요?

May I try it?
메이 아이 트라이 잇

3 신제품은 발매되었습니까?

Are there any new items on sale?
아 데어 애니 뉴 아이템즈 언 세일

4 색상은 이것이 전부입니까?

Are these all the colors?
아 디즈 올 더 컬러즈

5 파운데이션은 어떤 색이 어울
릴까요?

**Which color foundation is good on
me?**
위치 컬러 파운데이션 이즈 굿 언 미

6 더 밝은 색이 있습니까?

Do you have a brighter color?
두 유 해 버 브라잇러 컬러

7 더 수수한 색 립스틱을 보여
주세요.

**Show me a plainer color lipstick,
please.**
쇼우 미 어 플레이너 컬러 립스틱 플리즈

8 이 색과 비슷한 매니큐어를
골라 주세요.

**Please find a nail polish which is
close to this color.**
플리즈 파인드 어 네일 폴리쉬 위치 이즈 클로우즈 투 디스 컬러

패션

Chapter 08

141

 **Dialogue**

점원   어서 오세요.
May I help you?
메이 아이 헬프 유

손님   구경 좀 할게요.
I'm just looking, thank you.
아임 저스트 룩킹 쌩 큐

손님   샤넬 립스틱 29번을 찾고 있습니다.
I'm looking for Chanel lipstick number twenty-nine.
아임 룩킹 퍼 샤넬 립스틱 넘버 트웬티 나인

점원   그 번호는 품절입니다.
We don't have that number.
위 돈 해브 댓 넘버

손님   이것과 같은 것이 있습니까?
Do you have something similar to this?
두 유 해브 섬씽 시멀러 투 디스

점원   네. 이쪽으로 오세요.
Sure. This way, please.
슈어 디스 웨이 플라―즈

□ 스킨 로션	**skin lotion** 스킨 로션	□ 선탠로션	**suntan lotion** 선탠 로션
□ 밀크 로션	**milky lotion** 밀키 로션	□ 선탠오일	**suntan oil** 선탠 오일
□ 보습 크림	**day cream** 데이 크림	□ 향수	**perfume** 퍼퓸
□ 기초화장품	**foundation** 파운데이션	□ 비누	**soap** 소웁
□ 립스틱	**lipstick** 립스틱	□ 밝은	**bright** 브라잇
□ 아이섀도	**eye shadow** 아이 섀도우	□ 어두운/진한	**dark** 다크
□ 마스카라	**mascara** 매스캐러	□ 엷은	**thin** 씬
□ 매니큐어	**nail polish** 네일 폴리쉬		

memo

여행을 추억하다

07 보석 가게

유명 브랜드나 명품 등을 구입할 때에는 면세점이나, 전문점, 백화점 등 신뢰할 수 있는 매장에서 구입하길 권합니다. 특히 보석류의 경우에는 진품과 모조품의 진위 확인이 힘들기 때문에 신용할 수 없는 상점의 저렴한 물건은 조심하는 것이 좋습니다.

1 진열장 안의 것을 보고 싶습니다.

I'd like to see the things on display.
아이드 라이크 투 시 더 씽스 온 디스플레이

2 그 목걸이를 보여 주십시오.

Show me the necklace, please.
쇼우 미 더 넥클리스 플리즈

3 이 보석은 무엇입니까?

What is this stone?
왓 이즈 디스 스토운

4 순금입니까?

Is this pure gold?
이즈 디스 퓨어 고울드

5 심플한 디자인은 없습니까?

Do you have anything with a simple design?
두 유 해브 애니씽 위드 어 심플 디자인

6 끼어 볼 수 있습니까?

Can I try it on?
캔 아이 트라이 잇 언

7 이것은 18k입니까?

Is this 18 carat gold?
이즈 디스 에이틴 캐럿 고울드

8 보증서를 받을 수 있습니까?

Can I get a warranty card?
캔 아이 겟 어 워런티 카드

08 신발 가게

유명 브랜드의 스포츠 용품을 좋아하거나 색다른 제품들을 구경하고 싶은 분들에게 추천 드립니다.
신발을 구입할 때에는 우리나라와 사이즈가 다르므로 잘 체크해보고 구매하도록 합니다.

1 이 구두를 신어보고 싶습니다.

I'd like to try on these shoes.
아이드 라이크 투 트라이 언 디즈 슈즈

2 어떤 디자인이 유행하고 있습니까?

What kind of design is now in fashion?
왓 카인 어브 디자인 이즈 나우 인 패션

3 부드러운 가죽이 좋습니다.

I like smooth leather.
아이 라이크 스무드 레더

4 세일 상품이 있습니까?

Do you have anything on sale?
두 유 해브 애니씽 언 세일

5 발가락이 좀 낍니다.

The toes are a little bit tight.
더 토우즈 아 어 리틀 빗 타잇

6 이 구두는 좀 큽니다.

These shoes are a little bit big for me.
디즈 슈즈 아 어 리틀 빗 빅 퍼 미

7 잘 맞는 것 같습니다.

Seems fine.
심스 파인

8 이것은 얼마입니까?

How much is this?
하우 머취 이즈 디스

쇼핑

Chapter 08

손님   이 보석은 무엇입니까?

What is this stone?

왓 이즈 디스 스토운

점원   사파이어입니다.

The stone is sapphire.

더 스토운 이즈 새파이어

손님   이 금속은 무엇입니까?

What is this metal?

왓 이즈 디스 메털

점원   이 반지는 18금입니다.

This ring is eighteen-carat gold.

디스 링 이즈 에이틴 캐럿 고울드

점원   어떤 색을 좋아하세요?

What color would you like?

왓 컬러 우 쥬 라이크

손님   갈색을 좋아합니다.

I like brown.

아이 라이크 브라운

146

□ 반지	**ring** 링	□ 부츠	**high boots** 하이 부츠
□ 목걸이	**necklace** 네클리스	□ 하이 힐	**high heels** 하이 히일스
□ 귀걸이	**earrings** 이어링스	□ 가죽	**leather** 레더
□ 브로치	**brooch** 브로취	□ 소가죽	**cowhide** 카우하이드
□ 순금	**pure gold** 퓨어 고울드	□ 벨트	**belt** 벨트
□ 18금	**18 carat gold** 에이틴 캐럿 고울드	□ 지갑	**wallet** 왈릿
□ 백금	**platinum** 플래티넘	□ 핸드백	**handbag** 핸드백
□ 금도금	**gold plated** 고울드 플레이티드	□ 숄더백	**shoulder bag** 쇼울더 백
□ 구두	**shoes** 슈즈	□ 보스턴 백	**boston bag** 보스턴 백
□ 운동화	**sneakers** 스니커즈	□ 수에드 (가죽처럼 만든 천)	**suede** 스웨이드

memo

여행을 추억하다

패션

08

Chapter

DUTY FREE

09 면세점

 해외여행의 흥미로운 일 중 하나가 면세점 이용일 것입니다. 면세점은 공항, 기내, 시내 면세점 등을 이용할 수 있습니다. 면세 한도가 있는 만큼 구매 계획을 잘 세워 한도를 초과하여 구매하는 일이 없도록 해야 합니다.

1 이 근처에 면세점이 있습니까?

Is there a duty-free shop around here?

이즈 데어 어 듀티 프리 샵 어라운드 히어

2 면세점은 몇 층입니까?

Which floor is the duty free shop?

위치 플로어 이즈 더 듀티 프리 샵

3 한국인에게 인기 있는 것은 어떤 것입니까?

What kind of things are popular for Koreans?

왓 카인 어브 씽스 아 파퓰러 퍼 코리언스

4 넥타이는 어디에 있습니까?

Where are the neckties?

웨어 아 더 넥타이즈

5 이 지역 특산품은 어떤 것이 있나요?

What special products do you have here?

왓 스페셜 프로덕츠 두 유 해브 히어

6 선물용 위스키를 사려고 합니다.

I'm looking for whiskey, as a gift.

아임 룩킹 퍼 위스키 애즈 어 기프트

7 이 세트는 낱개로 살 수 있습니까?

Can I get one from this set?

캔 아이 겟 원 프럼 디스 셋

8 여권 여기 있습니다.

Here's my passport.

히어즈 마이 패스포트

10 마트

외국을 여행하면서 그 나라의 마트를 방문해 보는 것도 흥미로운 경험이 될 것입니다.
우리나라에서는 보기 힘든 제품들도 구경하고 그 나라의 생활도 간접 경험할 수 있는 흥미로운
기회가 될 것입니다.

1 이 망고는 유통기한이 언제까
지입니까?

How long will this mango last?
하우 롱 윌 디스 망고 래스트

2 이것으로 세 개 주세요.

I'll take three of these.
아일 테이크 쓰리 어브 디즈

3 이것으로 백 그램 주세요.

A hundred grams of this, please.
어 헌드렛 그램즈 어브 디스 플리-즈

4 낱개로도 판매합니까?

Are these sold separately?
아 디즈 소울드 세퍼레잇틀리

5 한 개에 얼마입니까?

How much for one?
하우 머취 퍼 원

6 300그램을 사겠습니다.

I'll buy 300 grams of this.
아일 바이 쓰리 헌드렛 그램스 어브 디스

7 전부 얼마입니까?

How much is it altogether?
하우 머취 이즈 잇 올투게더

8 큰 봉투가 있습니까?

Do you have a big envelope?
두 유 해 버 빅 인벨로우프

쇼핑

Chapter 08

149

Dialogue

점원   찾는 물건이 있으세요?
Are you looking for anything?
아 유 루킹 퍼 애니씽

손님   남편에게 선물할 것을 찾고 있어요.
I'm looking for something for my husband.
아임 룩킹 퍼 섬씽 퍼 마이 허스밴드

손님   실례합니다, 여기 직원이세요?
Excuse me, do you work here?
익스큐즈 미 두 유 워크 히어

점원   네. 무엇을 도와드릴까요?
Yes. May I help you?
예스 메이 아이 헬프 유

손님   컬러는 이것뿐인가요?
Are these the only colors you have?
아 디즈 디 오운리 컬러스 유 해브

점원   여기 있는 것이 전부입니다.
Whatever's out is what we have.
왓에버즈 아웃 이즈 왓 위 해브

실용단어

□ 면세	**tax(duty)-free** 텍스(듀티) 프리	□ 생선과 해산물	**Fish and seafood** 피쉬 앤 씨푸-드
□ 선글라스	**(a pair of) sunglasses** 선글래시스	□ 농산물	**Produce** 프로듀스
□ 화장품	**cosmetics** 코스메틱스	□ 유제품	**Dairy products** 데어리 프로덕스
□ 향수	**perfume** 퍼퓸	□ 곡류	**Cereal** 시리얼
□ 시계	**watch** 와치	□ 냉동식품	**Frozen food** 프로즌 푸-드
□ 가방	**bag** 백	□ 향신료	**Spices** 스파이시스
□ 액세서리	**accessory** 액세서리	□ 청량음료	**Soft drinks** 소프트 드링스
□ 와인	**wine** 와인	□ 욕실용품	**Toiletries** 토일리츄리스
□ 샴페인	**champagne** 샴페인	□ 가정용품	**Household goods** 하우스호울드 구스
□ 위스키	**whisky** 위스키	□ 주류	**Liquor** 리쿼
□ 브랜디	**brandy** 브랜디	□ 의류	**Clothing** 클로딩
□ 상표	**brand** 브랜드	□ 건강식품	**Diet food** 다이어트 푸-드
□ 육류	**Meats** 미츠	□ 캔 제품	**Canned Goods** 캔드 굿스
□ 청과류	**Fresh fruits** 프레쉬 프룻츠	□ 문방구류	**Stationery** 스테이셔너리

memo

여행을 추억하다

쇼핑

08 Chapter

151

계산하기 1

결제를 위한 방법으로는 현금, 신용카드, 여행자 수표 등이 있습니다. 신용카드의 경우 외국에서도 현금 인출이 가능한 카드를 발급 받으면 현금이 모자랄 경우 유용하게 사용할 수 있습니다. 단, 수수료는 미리 확인하세요.

1 이것을 사겠습니다.

I'll take this, please.
아일 테이크 디스 플리-즈

2 얼마입니까?

How much is this?
하우 머취 이즈 디스

3 좀 더 싸게는 안 될까요?

Is this the best price?
이즈 디스 더 베스트 프라이스

4 가격이 너무 비싸군요.

It's too expensive for me.
잇츠 투 익스펜시브 퍼 미

5 현금으로 사면 할인해 줍니까?

Do you give discounts for cash?
두 유 기브 디스카운츠 퍼 캐쉬

6 디스카운트해 주시면 살게요.

If you give me a discount, I'll buy it.
이프 유 기브 미 어 디스카운트 아일 바이 잇

7 계산은 따로따로 해 주시겠습니까?

Can we pay separately?
캔 위 페이 세퍼레잇틀리

8 영수증을 주시겠어요?

Could I have a receipt, please?
쿠드 아이 해 버 리시트 플리-즈

12 계산하기 2

물건을 구매할 때에는 세금환급(**TAX REFUND**)이 가능한지 확인하고 구매하도록 합니다. 외국인이 물건을 구매할 경우 세금을 환급해 주는 제도로 **TAX FREE** 라는 표지판이 있는 매장에서는 세금을 환급받을 수 있습니다. 환급 방법을 꼭 확인하세요.

1 계산이 틀린 것 같습니다.

I think your calculation is wrong.
아이 씽크 유어 칼큘레이션 이즈 롱

2 다시 한 번 계산해 주시겠어요?

Could you check it again, please?
쿠 쥬 체크 잇 어겐 플라-즈

3 거스름 돈이 부족한 것 같습니다.

I think I'm supposed to get more change.
아이 씽크 아임 서포우즈드 투 겟 모어 체인쥐

4 영수증을 따로따로 발행해 주시겠습니까?

Can you separate the receipts?
캔 유 세퍼레잇 더 리시-츠

5 어떤 카드를 사용할 수 있습니까?

What cards can we use?
왓 카-즈 캔 위 유즈

6 선물용으로 포장해 주세요.

Please gift-wrap this.
플라-즈 기프트 랩 디스

7 따로따로 포장해 주세요.

Please wrap these separately.
플라-즈 랩 디즈 세퍼레잇리

8 물건을 따로 넣어 주세요.

Can I have a separate bag for each item?
캔 아이 해 버 세퍼레잇 백 뭐 이치 아이템

성경 08 Chapter

손님　　교환할 수 있을까요?

Could you exchange this?

쿠 쥬 익스체인쥐 디스

판매원　좌송합니다. 다른 것으로 가져가세요.

I'm sorry about that. Sure take another one.

아임 쏘리 어바웃 댓　슈어 테이크 어너더 원

손님　　환불하고 싶습니다.

I'd like a refund on this.

아이드 라이크 어 리펀드 언 디스

판매원　알겠습니다. 영수증을 주세요.

OK. I need your receipt.

오케이　아이 니드 유어 리시트

판매원　어떤 문제 때문에 그러시나요?

What was the problem with it?

왓 워즈 더 프라블럼 위드 잇

손님　　지퍼가 잘 열리지 않아요.

The zipper doesn't work well.

더 지퍼 더즌 워크 웰

□ 결제하다	**pay** 페이	□ 봉투	**envelope** 인벨로우프
□ 계산대	**counter** 카운터	□ 포장하다	**wrap** 랩
□ 계산원	**cashier** 캐시어	□ 하나씩	**one by one** 원 바이 원
□ 현금	**cash** 캐쉬	□ 따로따로	**separately** 세퍼레잇리
□ 지폐	**bill** 빌	□ 다 합하여	**altogether** 올투게더
□ 동전	**coin** 코인	□ 단단히	**tightly** 타이틀리
□ 거스름돈	**change** 체인쥐	□ 깨지기 쉬운	**fragile** 프레자일
□ 신용카드	**credit card** 크레딧 카드	□ 묶다	**tie** 타이
□ 영수증	**receipt** 리시트	□ 정확하게	**correctly** 코렉틀리
□ 반품하다	**return** 리턴	□ 배달하다	**deliver** 딜리버
□ 환불	**refund** 리펀드	□ 도착하다	**reach** 리치

memo

여행을 추억하다

쇼핑

08

Chapter

155

Chapter 9. 문제 발생

긴급 상황

여행 중 긴급한 상황이 발생할 경우 즉시 현지 대사관이나 영사관에 연락을 하도록 합니다.
가장 좋은 방법은 사고가 나지 않도록 주의하는 것이고, 만일의 상황에 대비하여 긴급 연락처를
미리 알아두도록 합니다.

1 아주 급합니다.

It's very urgent.
잇츠 베리 어전트

2 경찰을 불러주세요.

Please call the police.
플리즈 콜 더 펄리스

3 도와줄 사람을 보내주세요.

Please send someone to help.
플리즈 센드 썸원 투 헬프

4 친구가 없어졌어요.

My friend is missing.
마이 프렌드 이즈 미싱

5 가장 가까운 병원이 어디죠?

Where is the nearest hospital?
웨어 이즈 더 니어리스트 하스피럴

6 여기 부상자 한 명이 있습니다.

There's an injured person here.
데어즈 언 인쥬어드 퍼-슨 히어

7 병원으로 데려가 주세요.

Please take me to the hospital.
플리즈 테이크 미 투 더 하스피럴

8 의사를 불러주세요.

Please call a doctor.
플리즈 콜 어 닥터

02 길을 잃었을 때

 낯선 곳인 만큼 길을 잃어버렸을 경우에는 현지인이나 경찰에게 도움을 요청하도록 합니다.
출발 전에 목적지까지 가는 방법을 미리 알아보고 출발하도록 하며, 특히 밤늦은 시간에는 다니지
않도록 합니다.

1 실례합니다만 길을 잃었습니다.

Excuse me, I'm lost.
익스큐즈 미 아임 로스트

2 지금 여기가 어디죠?

Where am I now?
웨어 앰 아이 나우

3 여기에 약도 좀 그려주십시오.

Please draw a map here.
플리~즈 드로 어 맵 히어

4 제 지도에 표시해 주시겠어요?

Will you mark it on my map?
윌 유 마크 잇 언 마이 맵

5 어떻게 가야 합니까?

How can I get there?
하우 캔 아이 겟 데어

6 이 길은 무슨 길입니까?

What street is this?
왓 스트릿 이즈 디스

7 그곳에 가려면 얼마나 걸립니까?

How long does it take to get there?
하우 롱 더즈 잇 테이크 투 겟 데어

8 여기서 몇 정거장입니까?

How many stops from here?
하우 매니 스탑스 프럼 히어

문제집

Chapter 09

159

 **Dialogue**

직원   무엇을 도와드릴까요?

May I help you?

메이 아이 헬프 유

여행자   여권을 잃어버렸습니다. 재발급해 주세요.

I lost my passport. I'd like to have it reissued.

아이 로스트 마이 패스포트 아이드 라이크 투 해브 잇 리이슈드

직원   이 양식을 작성해 주세요.

Please fill out this form.

플라―즈 필 아웃 디스 폼

여행자   알겠습니다.

OK.

오케이

여행자   실례합니다만, 길을 잃었어요. 여기가 어디인가요?

Excuse me, I'm lost. Where am I now?

익스큐즈 미 아임 로스트 웨어 앰 아이 나우

경찰   어디로 가려고 하십니까?

Where are you trying to go to?

웨어 아 유 트라잉 투 고우 투

여행자   힐튼 호텔이 어디죠?

Where is Hilton Hotel?

웨어 이즈 힐튼 호텔

경찰   이 길 건너편에 있습니다.

It's across the street.

잇츠 어크로스 더 스트릿

□ 긴급 상황	**emergency** 에머전시	□ 가장 가까운	**nearest** 니어리스트
□ 경찰	**police** 펄리스	□ 다친	**injured** 인쥬어드
□ 경찰서	**police station** 펄리스 스테이션	□ 재발행하다	**reissue** 리이슈
□ 대사관	**embassy** 엠버시	□ 구입	**purchase** 퍼춰스
□ 영사관	**consulate** 칸설럿	□ 계약	**agreement** 어그리먼트
□ 급한	**urgent** 어전트	□ 보상하다	**compensate** 컴펜세이트
□ 없어진	**missing** 미싱		

memo

여행을 추억하다

03 분실 · 도난 1

여권을 분실했을 경우에는 가능한 빨리 대사관이나 영사관에 신고하여 재발급을 신청하도록 합니다.
재발급에는 신분증과 여권 사진 등이 필요하므로 여행 전에 미리 준비해 가도록 합니다.

1 택시에 지갑을 두고 내렸습니다.

I left my wallet in a taxi.
아이 레프트 마이 월릿 인 어 택시

2 지갑을 어디에서 잃어버렸는지 모르겠습니다.

I don't know where I lost my wallet.
아이 돈 노우 웨어 아이 로스트 마이 월릿

3 방에 시계를 두고 왔습니다. 있는지 확인해 주시겠습니까?

I left my watch in the room. Could you check for it, please?
아이 레프트 마이 와치 인 더 룸 쿠 쥬 체크 퍼 잇 플라-즈

4 짐이 보이지 않습니다.

I can't find my luggage.
아이 캔트 파인드 마이 러기쥐

5 경찰서는 근처에 있습니까?

Is there a police station close by?
이즈 데어 어 펄리스 스테이션 클로우즈 바이

6 도난신고서는 어떻게 제출합니까?

How can I report a burglary to the police?
하우 캔 아이 리포-트 어 버글러리 투 더 펄리스

7 보험 신청에 필요한 도난 (분실)신고서를 주십시오.

I need to prove that it was stolen for the insurance.
아이 니드 투 프루브 댓 잇 워즈 스톨른 퍼 디 인슈어런스

8 찾으면 연락해 주십시오.

If you find it, please call me.
이프 유 파인드 잇 플라-즈 콜 미

162

분실 · 도난 2

귀중품을 분실하거나 도난당했을 경우에는 가까운 경찰서에 신고하도록 합니다. 여행자 보험에 들어있다면 분실·도난 증명서를 경찰서에서 발급받아 귀국 후 보험사에 제출하면 보상받을 수 있습니다.

1 지갑을 도난당했습니다.

I had my purse stolen.
아이 해드 마이 퍼-스 스톨른

2 여권을 도난당했습니다.

My passport was stolen.
마이 패스포트 워즈 스톨른

3 소매치기 당했습니다.

I was pick pocketted.
아이 워즈 픽 포켓티드

4 도둑이 들었습니다.

Somebody broke into my room.
섬바디 브로우크 인투 마이 룸

5 저 남자가 제 가방을 훔쳐갔어요.

That man stole my bag.
댓 맨 스톨 마이 백

6 저 남자가 도둑입니다. 잡아 주세요.

He's a thief. Stop him!
히즈 어 씨이프 스탑 힘

7 경찰을 불러 주세요!

Call the police!
콜 더 펄리스

8 한국대사관에 연락해 주세요.

Please call the Korean Embassy.
플라-즈 콜 더 코리언 엠버시

163

 **Dialogue**

경찰 소매치기가 어떻게 생겼나요?
What did the robber look like?
왓 디드 더 리버 룩 라이크

여행자 키가 작은 백인 남자에요.
He was a short white man.
히 워즈 어 숏 와잇 맨

경찰 어떤 종류의 지갑인가요?
What kind of wallet is it?
왓 카인드 어브 월릿 이즈 잇

여행자 검정색 구치 지갑입니다.
It's a black Gucci wallet.
잇츠 어 블랙 구치 월릿

경찰 얼마를 가지고 계셨나요?
How much money were you carrying?
하우 머취 머니 워 유 캐링

여행자 현금 60달러와 여행자수표 50달러요.
Sixty dollars in cash and fifty dollars in traveler's checks.
식스티 달러스 인 캐쉬 앤 피프티 달러스 인 트래블러스 첵스

□ 도둑	**thief** 씨이프		□ 여권	**passport** 패스포트
□ 소매치기	**pickpocket** 픽파킷		□ 항공권	**airline ticket** 에어라인 티킷
□ 날치기	**bag-snatching** 백 스내칭		□ 신용카드	**credit card** 크레딧 카드
□ 순찰차	**patrol car** 패트롤 카아		□ 현금	**cash** 캐쉬
□ 파출소	**police box** 펄리스 박스		□ 가방	**bag** 백
□ 훔친	**stolen** 스톨른		□ 카메라	**camera** 케머러
□ 붙잡다	**catch** 캐취		□ 한국대사관	**Korean Embassy** 코리언 엠버시
□ 소매치기하다	**pick** 픽		□ 한국총영사 **Korean consul general** 코리언 칸슬 제너럴	
□ 지갑	**purse / wallet** 퍼스 / 월릿			

memo

여행을 추억하다

병원 1

 여행 중 몸이 아프면 정말 난감하게 됩니다. 심할 경우 병원을 찾도록 합니다. 그러나 외국의 경우 의료비가 비싸므로 여행 전에 평소에 복용하는 약과 상비약을 충분히 준비하여 가도록 합니다.

1 어디가 아프십니까?

What's wrong with you?
왓츠 롱 위드 유

2 여기가 아파요.

I have a pain here.
아이 해 버 페인 히어

3 두통이 납니다.

I have a headache.
아이 해 버 헤드에익

4 배가 몹시 아픕니다.

I have a very bad stomachache.
아이 해 버 베리 배드 스토먹에익

5 열이 높은 것 같습니다.

I think I have a high temperature.
아이 씽크 아이 해 버 하이 템퍼러쳐

6 감기에 걸렸습니다.

I caught a cold.
아이 코우트 어 코울드

7 오한이 납니다.

I feel cold.
아이 필 코울드

8 등과 배에 두드러기가 났습니다.

I've got a rash on my back and front.
이이브 갓 어 래쉬 언 마이 백 앤 프론트

 우리나라와 기온, 환경, 음식 등이 다르기 때문에 음식을 먹거나 이동할 때에는 항상 사고에 주의하도록 합니다. 특히 식수의 상태가 안 좋은 곳들이 있으므로 꼭 생수를 구입하여 먹도록 합니다.

1 여기에 누워보세요.

Please, lie down here.
플리-즈 라이 다운 히어

2 이런 증상은 언제부터입니까?

How long have you been sick?
하우 롱 해브 유 빈 씩

3 지난밤부터입니다.

Since last night.
신스 래스트 나잇

4 색다른 걸 드셨습니까?

Did you eat anything unusual?
디드 유 잇 애니씽 언유즈얼

5 여행을 계속할 수 있을까요?

Can I keep traveling?
캔 아이 킵 트레블링

6 대단치는 않습니다. 걱정하지 마세요.

It's no big deal. You don't have to worry about it.
잇츠 노우 빅 디일 유 돈 해브 투 워리 어바웃 잇

7 알레르기 체질입니다.

I have an allergy.
아이 해 번 앨러쥐

8 처방전을 드리겠습니다.

I'll give you a prescription.
아일 기브 유 어 프리스크립션

의사   어디가 아프십니까?

Where do you feel pain?

웨어 두 유 필 페인

환자   여기가 아픕니다.

I have pain here.

아이 해브 페인 히어

의사   다른 증상은요?

Anything else?

애니씽 엘스

환자   토할 것 같아요.

I feel like vomiting.

아이 필 라이크 바미팅

의사   혈액형은 무엇입니까?

What's your blood type?

왓츠 유어 블러드 타입

환자   저의 혈액형은 AB형입니다.

My blood type is AB.

마이 블러드 타입 이즈 에이비

168

□ 의사	**doctor** 닥터	□ 눕다	**lie down** 라이 다운
□ 병원	**hospital** 하스피털	□ 목욕하다	**take a bath** 테이크 어 배쓰
□ 증상	**symptom** 씸텀	□ 종합병원	**general hospital** 제너럴 하스피털
□ 치료	**treatment** 트릿먼트	□ 구급차	**ambulance** 앰뷸런스
□ 처방	**prescription** 프리스크립션	□ 내과의사	**physician** 피지션
□ 병명	**name of a disease** 네임 어브 어 디지즈	□ 외과의사	**surgeon** 써전
□ 주사	**shot** 샷	□ 치과의사	**dentist** 덴티스트
□ 체온	**temperature** 템퍼러쳐	□ 부인과의사	**gynecologist** 가이니칼러쥐스트
□ 호흡	**breath** 브레쓰	□ 항생물질	**antibiotic** 앤티바이아릭

memo

여행을 추억하다

미국의 경우 우리나라와 같이 의약 분업이 되어 있으므로 병원에서 먼저 처방전을 받아 약국에서 약을 구매하도록 합니다. 간단한 약들은 처방전 없이 구매가 가능하므로 약사와 잘 상담하도록 합니다.

1 이것이 처방전입니다.

This is a prescription.
디스 이즈 어 프리스크립션

2 처방전 없이도 약을 살 수 있나요?

Can I buy it without a prescription?
캔 아이 바이 잇 위다웃 어 프리스크립션

3 두통약을 주십시오.

Give me medicine for a headache, please.
기브 미 메더신 퍼 어 헤드에익 플리-즈

4 감기약을 주십시오.

Give me medicine for a cold, please.
기브 미 메더신 퍼 어 코울드 플리-즈

5 피로회복제가 있나요?

Do you have anything for fatigue?
두 유 해브 애니씽 퍼 파티그

6 하루에 몇 번 복용합니까?

How many times a day shall I take it?
하우 매니 타임즈 어 데이 샬 아이 테이크 잇

7 식전에 먹습니까? 식후에 먹습니까?

Before or after meals?
비포어 오어 애프터 밀즈

8 부작용은 없습니까?

What are the side effects?
왓 아 더 사이드 이펙츠

08 사고

여행 중에는 다양한 사고가 발생할 가능성이 있습니다. 항상 사고가 나지 않도록 조심해야 합니다.
요즘은 다양하고 저렴한 여행자 보험이 많이 있어서 여행 전에 미리 가입하고 여행하는 것도 좋은
방법입니다.

1 사고가 났습니다!

I had an accident!
아이 해드 언 엑씨던트

2 자동차에 치었습니다.

I was struck by a car.
아이 워즈 스트럭 바이 어 카

3 움직일 수 없습니다.

I can't move.
아이 캔트 무브

4 다리가 부러진 것 같습니다.

I think I broke my leg.
아이 씽크 아이 브로우크 마이 레그

5 구급차를 불러 주십시오.

Please call an ambulance.
플리-즈 콜 언 앰뷸런스

6 어떻게 하면 좋을지 모르겠
습니다.

I don't know what to do.
아이 돈 노우 윗 투 두

7 보험에 들어있습니다. 보험회
사에 연락해 주십시오.

**I'm insured. Please contact the
insurance company.**
아임 인슈어드 플리-즈 컨택트 디 인슈어런스 컴퍼니

8 사고 신고서를 주십시오.

Please give me an accident report.
플리-즈 기브 미 언 엑씨던트 리포-트

Chapter 09

 **Dialogue**

여행자　이 처방전대로 약을 조제해 주시겠어요?

Can I get this prescription filled, please?

캔 아이 겟 디스 프리스크립션 필드 플라즈

약사　예, 약 여기 있습니다.

OK, here's your medicine.

오케이 히어즈 유어 메더신

여행자　하루에 몇 번 약을 복용해야 합니까?

How many times a day should I take it?

하우 매니 타임즈 어 데이 슈드 아이 테이크 잇

약사　식후에 하루 세 번 복용하십시오.

Take it three times a day after meals.

테이크 잇 쓰리 타임즈 어 데이 애프터 밀즈

여행자　위장약 있습니까?

Can I buy any stomach pills here?

캔 아이 바이 애니 스토먹 필즈 히어

약사　처방전 없이는 약을 팔 수 없습니다.

We can't sell this without a prescription.

위 캔트 셀 디스 위다웃 어 프리스크립션

경찰서　경찰서입니다. 무엇을 도와드릴까요?

Police station. May I help you?

펄리스 스테이션 메이 아이 헬프 유

사고자　교통사고를 신고하려고 합니다.

I'd like to report a traffic accident.

아이드 라이크 투 리포-트 어 트래픽 액씨던트

□ 약국	**drugstore/pharmacy** 드럭스토어 / 파머시	□ 고혈압	**high blood pressure** 하이 블러드 프레셔
□ 처방전	**prescription** 프리스크립션	□ 충돌하다	**run against** 런 어게인스트
□ 아스피린	**aspirin** 애스피린	□ 받히다	**be struck** 비 스트럭
□ 감기약	**cold medicine** 코울드 메더신	□ 치다	**be hit** 비 힛
□ 반창고	**adhesive tape** 어드히시브 테잎	□ 긁히다	**scrape** 스크레이프
□ 붕대	**bandage** 밴디쥐	□ 상처	**injury** 인쥬어리
□ 현기증	**dizziness** 디지니스	□ 인명사고	**human accident** 휴먼 엑시던트
□ 폐렴	**pneumonia** 뉴모우니어	□ 보험	**insurance** 인슈어런스
□ 천식	**asthma** 에즈머	□ 운전면허증	**driver's license** 드라이버스 라이센스
□ 소화불량	**indigestion** 인디제스천	□ 응급병원	**emergency hospital** 이머전시 하스피럴
□ 타박상	**bruise** 브루즈	□ 사고증명서	
□ 식중독	**food poisoning** 푸드 포이즈닝	**certificate of accident** 서어티피케이트 어브 엑시던트	
□ 심장병	**heart disease** 하트 디지즈		

memo

여행을 추억하다

Chapter 10. 귀국

 요즘은 예약재확인이 필요한 경우가 많이 없습니다만, 만약을 위해서 72시간 전에는 항공사에 재확인을 하도록 합니다. 혹시 비행기 편이 변경된 경우에는 항공권 구매 시 등록한 연락처나 이메일로 통보될 수도 있으니 출발 전에 확인해 보도록 합니다.

1 예약 재확인을 하고 싶습니다.

I'd like to confirm my reservation.
아이드 라이크 투 컨펌 마이 레저베이션

2 서울에서 예약해 두었습니다.

I made a reservation in Seoul.
아이 메이드 어 레저베이션 인 서울

3 며칠 몇 편을 예약했습니까?

Which flight did you reserve?
위치 플라잇 디드 유 리저-브

4 내일 오전 323편 서울행입니다.

Flight number 323 to Seoul leaving tomorrow.
플라잇 넘버 쓰리투쓰리 투 서울 리-빙 터마-로우

5 이름과 나이를 말해 주십시오.

May I have your name and age?
메이 아이 해브 유어 네임 앤 에이쥐

6 예약 재확인을 했습니다.

We've confirmed your reservation.
위브 컨펌드 유어 레저베이션

7 탑승까지 얼마나 시간이 있습니까?

How long will it take before we board?
하우 롱 윌 잇 테이크 비포 위 보-드

8 출발 시각을 확인해 두고 싶습니다.

I'd like to confirm the departure time.
아이드 라이크 투 컨펌 더 디파알처 타임

02 예약재확인 2

즐거운 여행을 마무리하고 돌아갈 준비를 해야 할 시간입니다. 가져온 짐과 여권, 비행기 티켓 등
중요한 물건들을 잘 정리하여 두고 가는 것이 없도록 합니다. 이제 집으로~~

1 비행편을 변경하고 싶습니다.

I'd like to change my flight.
이아드 라이크 투 체인쥐 마이 플라잇

2 어느 편으로 변경하고 싶으
세요?

Which flight would you like to take?
위치 플라잇 우 쥬 라이크 투 테이크

3 오후 편으로 변경하고 싶습
니다.

I'd like to take the afternoon flight.
아이드 라이크 투 테이크 디 앱터누운 플라잇

4 직행편은 빈자리가 없습니까?

**Is there anything available for the
non-stop flight?**
이즈 데어 애니씽 어베일러블 퍼 더 넌스탑 플라잇

5 좀 더 이른 편으로 좌석은
없습니까?

**Are there any seats for an earlier
flight?**
아 데어 애니 시잇츠 퍼 언 어얼리어 플라잇

6 그 편을 부탁합니다.

That flight is fine.
댓 플라잇 이즈 파인

7 예약 취소를 몇 명이 기다리고
있습니까?

**How many people are waiting for
it now?**
하우 매니 피-플 아 웨이팅 퍼 잇 나우

8 예약 취소가 있으면 알려
주십시오.

**Please let me know if there is
a cancelation.**
플리-즈 렛 미 노우 이프 데어 이즈 어 캔슬레이션

본문

Chapter

177

승객   몇 시까지 체크인하면 됩니까?

What time shall I check in?

왓 타임 샬 아이 체크 인

직원   늦어도 2시간 전까지는 공항에 나와 주십시오.

We'd like you to come to the airport at least two-hours before.

위드 라이크 유 투 컴 투 디 에어포트 앳 라-스트 투 아워스 비포

승객   재확인을 부탁합니다.

I want to reconfirm my reservation.

아이 원트 투 리컨펌 마이 레저베이션

직원   재확인되었습니다.

OK, your flight has been confirmed.

오케이 유어 플라잇 해즈 빈 컨펌드

승객   예약 재확인을 하고 싶습니다.

I'd like to reconfirm my reservation.

아이드 라이크 투 리컨펌 마이 레저베이션

직원   10월 25일 오전 11시 발 비행편에 예약되었습니다.

We reserved a seat for October the 25th leaving at eleven in the morning.

위 리저브드 어 시잇 퍼 악토버 더 트웨니 피프쓰 라-빙 앳 일레븐 인 더 모-닝

실용단어

□ 항공권　　**airline ticket**
에어라인 티킷

□ 탑승권　　**boarding pass**
보–딩 패스

□ 여권　　**passport**
패스포트

□ 탑승게이트　　**boarding gate**
보–딩 게이트

□ 탑승 카운터　　**boarding counter**
보–딩 카운터

□ 출국
departure from a country
디파알처 프롬 어 컨트리

□ 출국 로비　　**departure lobby**
디파알처 로비

□ 출국카드　　**embarkation card**
엠바케이션 카드

□ 면세품　　**tax-free items**
텍스 프리 아이템즈

□ 면세 범위　　**within tax-free**
위딘 텍스 프리

□ 초과요금　　**extra fee**
익스트라 피

memo

여행을 추억하다

여행회화에
꼭 필요한

필수
패턴
40

01 I can ~.

'I can~'은 '나는 ~을 할 수 있다, 나는 ~하면 된다'라는 뜻입니다.

I can _____. ~을 할 수 있다.
[아이 캔 ~]

drive   운전할 수 있어요.
[드라이브]

make it   그것을 할 수 있어요.
[메이크 잇]

speak Japanese   일본어를 할 수 있어요.
[스피익 재퍼니-즈]

play the violin   바이올린을 켤 수 있어요.
[플레이 더 바이얼린]

help you   당신을 도와드릴 수 있어요.
[헬프 유]

take it for free   공짜로 그것을 가져갈 수 있어요.
[테이크 잇 퍼 프리-]

transfer for free   공짜로 갈아탈 수 있어요.
[트랜스퍼 퍼 프리-]

use the Internet for free   공짜로 인터넷을 사용할 수 있어요.
[유-즈 디 이너넷 퍼 프리-]

02 I would like to ~.

'**would like to ~**'는 '**~하고 싶다**'는 소망을 나타내는 표현인데, 공손하게 '~하려고 한다'는 뜻으로 주로 사용됩니다. to 뒤에는 동사원형을 씁니다.

I would like to [   ] . ~하고 싶다.
[아이 우드 라이크 투]

check out
[첵 아웃]

체크아웃 하고 싶은데요.

go out
[고우 아웃]

외출하고 싶은데요.

eat something
[이잇 섬씽]

뭐 좀 먹고 싶은데요.

take cooking lessons
[테이크 쿠킹 레슨스]

요리 수업을 듣고 싶은데요.

make a reservation
[메이크 어 레저베이션]

예약하고 싶은데요.

speak to Jane
[스피익 투 제인]

제인과 통화하고 싶은데요.

have beef
[해브 비-프]

소고기로 하고 싶은데요.

ask you about it
[애스크 유 어바웃 잇]

그것에 대해 당신에게 물어보고 싶은데요.

03 I want to ~.

하고 싶은 동작을 나타낼 때는 'I want to + 동사원형' 형태로 씁니다.

I want to [   ]. ~하고 싶다.
[아이 원트 투]

go there
[고우 데어]
그곳에 가고 싶어요.

meet you
[미잇 유]
당신을 만나고 싶어요.

have a rest
[해 버 레스트]
쉬고 싶어요.

eat it again
[이잇 잇 어게인]
그것을 다시 먹고 싶어요.

travel abroad
[트래블 업러-드]
해외여행 가고 싶어요.

know about you
[노우 어바웃 유]
당신에 대해 알고 싶어요.

do well this time
[두 웰 디스 타임]
이번에는 잘하고 싶어요.

see Central Park too
[시- 센트럴 파알크 투-]
센트럴파크도 보고 싶어요.

04 I'm so ~!

감정을 표현할 때는 '**be동사 + 감정을 나타내는 형용사**'를 쓰는데, 이때 형용사는 '-ed' 형태
가 됩니다. so는 감정의 상태를 강조합니다.

I'm so ████████████ **!** ~하는데요!
[아임 소우–]

excited
[익사이티드]

신이 나는데요!

surprised
[서프라이즈드]

깜짝 놀랐어요!

impressed
[임프레스트]

감동받았어요!

disappointed
[디서퍼인티드]

실망했어요!

stressed
[스트레스트]

스트레스가 되요!

worried
[워–리드]

걱정되요!

pleased
[플라–즈드]

기뻐요!

frustrated
[프러스트레이티드]

좌절했어요!

I'm just ~.

'**I'm just ~**' 문형은 '**나는 그냥 ~하는 건데요**'라는 뜻으로, 뒤에는 동사의 -ing형을 씁니다.

I'm just [   ]. 그냥 ~하는 건데요.
[아임 저스트]

visiting New York
[비지팅 누-여억]

그냥 뉴욕에 놀러 온 건데요.

looking around
[루킹 어라운드]

그냥 구경하는 건데요.

making coffee
[메이킹 커-피]

그냥 커피를 끓이고 있는데요.

checking the map
[첵킹 더 맵]

그냥 지도를 확인하는 건데요.

joking
[조우킹]

그냥 농담한 건데요.

telling you the truth
[텔링 유 더 트루쓰]

그냥 당신한테 사실을 말한 건데요.

wondering about it
[원더링 어바웃 잇]

그냥 그것에 대해 궁금한 건데요.

totally losing it
[토우털리 루-징 잇]

그냥 다 잃어버렸어요.

06 I'm going to ~.

'**be going to**'는 가까운 미래에 일어날 일이나 의지를 나타내는 표현으로, '**~하겠다**'라는 뜻입니다. to 뒤에는 동사원형을 씁니다.

I'm going to
[아임 고우잉 투]

. ~하겠어요.

do it [두 잇]	그것을 하겠어요.
be there [비- 데어]	거기에 있겠소.
take a rest [테이크 어 레스트]	쉬겠어요.
take a nap [테이크 어 냅]	낮잠을 자겠어요.
see a movie [시- 어 무-비]	영화를 보러 가겠어요.
buy a book [바이 어 북]	책을 사겠어요.
stay at home [스테이 앳 호움]	집에 머물겠어요.
book two tickets for 5 p.m. [북 투- 티킷츠 퍼 파이브 파-엠]	오후 5시 표 두 장을 예약하겠소.

07 I'll make you ~!

make you + 사물'의 형태로 '**당신에게 ~을 만들어 주다**'라는 의미입니다. 대상이 you가 아니라면, 해당하는 대상으로 바꾸어 응용할 수 있습니다.

I'll make you　　　　　　　　　　! ~을 만들어 줄게요!
[아일 메이크 유]

a cake
[어 케이크]
케이크를 만들어 드릴게요!

a doll
[어 다알]
인형을 만들어 줄게!

a table
[어 테이블]
테이블을 만들어 줄게요!

some tea
[섬 타–]
차를 좀 만들어 줄게!

some cookies
[섬 쿠키즈]
쿠키를 좀 만들어 줄게요!

a cup of juice
[어 컵 어브 쥬–스]
주스 한 잔 만들어 드릴게요!

homemade food
[호움메이드 푸–드]
가정식을 만들어 줄게요!

a delicious Korean meal
[어 딜리셔스 커리–언 미일]
맛있는 한국 음식을 만들어 드릴게요!

08 I think ~.

'**I think~**'는 '**~한 것 같다**'라고 흔히 말버릇처럼 말하는 표현이 됩니다.

I think 　　　　　　　　　　. ~한 것 같아요.
[아이 씽크]

the hotel is close
[더 호우텔 이즈 클로우스]

호텔이 가까운 것 같아요.

he is right
[히 이즈 라잇]

그가 옳은 것 같아요.

it is hard to do
[잇 이즈 하알드 투 두]

하기 어려울 것 같아요.

you're wrong
[유어 러엉]

당신이 틀린 것 같아요.

3 o'clock would be okay
[쓰리- 어클락 우드 비- 오우케이]

3시가 좋을 것 같은데요.

I might be home all day
[아이 마잇 비- 호움 어얼 데이]

하루 종일 집에 있을 것 같아요.

you should remember it
[유 슈드 리멤버 잇]

당신은 그것을 기억해야 할 것 같아요.

we need to buy some water
[위 나-드 투 바이 섬 워-터]

우리는 물을 좀 사야 할 것 같아요.

I hope ~.

'I hope + 사람 + have ~'의 문형으로 'OO에게 ~가 있으면 좋겠다'라는 의미를 나타
냅니다.

I hope   . ~면 좋겠어요.
[아이 호웁]

you have a good job
[유 해 버 굿 잡]

당신이 좋은 직업을 가지면 좋겠어요.

you have a great plan
[유 해 버 그레잇 플랜]

당신이 멋진 계획을 가지면 좋겠어요.

they have an elevator
[데이 해 번 엘러베이터]

엘리베이터가 있으면 좋겠어요.

they have laundry service
[데이 해브 러언드리 서얼비스]

세탁 서비스가 있으면 좋겠어요.

they have room service
[데이 해브 루움 서얼비스]

룸 서비스가 있으면 좋겠어요.

it has a slide
[잇 해 저 슬라이드]

미끄럼틀이 있으면 좋겠어요.

it has easy chairs
[잇 해즈 아-지 체어스]

안락의자들이 있으면 좋겠어요.

it has a large parking-lot
[잇 해 저 라알지 파알킹 랏]

넓은 주차공간이 있으면 좋겠어요.

191

10 Can I see ~ ?

'**Can I see~?**' 문형은 상대방에게 '**~을 보여 주시겠어요?**'라고 할 때 흔히 쓰는 표현입니다.

Can I see [   ] ? ~을 보여 주시겠어요?
[캔 아이 시-]

his mail
[히즈 메일]

그의 편지를 보여 주시겠어요?

her card
[허 카알드]

그녀의 카드를 보여 주시겠어요?

your ticket
[유어 티킷]

당신의 표를 보여 주시겠어요?

your things
[유어 씽즈]

소지품을 보여 주시겠어요?

a membership card
[어 멤버쉽 카알드]

회원카드를 보여 주시겠어요?

your identification
[유어 아이덴티피케이션]

신분증을 보여 주시겠어요?

your boarding passes
[유어 버얼딩 패시즈]

탑승권을 보여 주시겠어요?

your admission ticket
[유어 어드미션 티킷]

입장권을 보여 주시겠어요?

11 Can I take ~?

'Can I take~?' 문형은 **상대방에게 허락을 구할 때** 쓰는 표현입니다. 동사 take는 가지다,
(교통수단을) 타다, 데리고 가다, 사진 찍다, 먹다 등 다양한 의미가 있습니다.

Can I take
[캔 아이 테이크]
? ~해도 될까요?

a bus
[어 버스]
버스 타도 될까요?

a message
[어 메시쥐]
메모를 받아도 될까요?

your coat
[유어 코웃]
당신의 코트를 가져가도 될까요?

your order
[유어 어-더]
주문 받아도 될까요?

your picture
[유어 픽처]
사진 찍어도 될까요?

a look at it
[어 룩 앳 잇]
그것을 봐도 될까요?

him to dinner
[힘 투 디너]
그를 저녁 식사에 데려와도 될까요?

it home to do it
[잇 호움 투 두 잇]
집에 가져가서 그것을 해도 될까요?

12 Can I return ~?

'Can I return~?'은 '~을 반품[반납]해도 될까요?'라는 문형입니다.
구입한 물건을 반품하거나 도서관에서 책을 반납할 때 쓸 수 있는 표현입니다.

Can I return [   ] ? ~을 반품해도 될까요?
[캔 아이 리터언]

this cactus
[디스 캑터스]

이 선인장을 반품해도 될까요?

this ticket
[디스 티킷]

이 표를 반환해도 될까요?

this cardigan
[디스 카알디건]

이 가디건을 반품해도 될까요?

a purchase
[어 퍼얼처스]

구입한 것을 반품해도 될까요?

these pants
[디즈 팬츠]

이 바지를 반품해도 될까요?

these books
[디즈 북스]

이 책들을 반납해도 될까요?

the car tomorrow
[더 카알 터마-로우]

내일 차를 반납해도 될까요?

the defective parts
[더 디펙티브 파알츠]

불량한 부분을 반품해도 될까요?

⑬ Do I have ~ ?

Do I have~?'는 '(내가 가진 것이) ~인가요?'라는 뜻으로, 무엇을 확인하고자 할 때 사용하는 표현입니다.

Do I have   ? ~인가요?
[두 아이 해브]

a good view   전망이 좋은 방인가요?
[어 굿 뷰-]

a window seat   창가 좌석인가요?
[어 윈도우 시잇]

a double bed   더블 침대인가요?
[어 더블 베드]

same things   같은 것들인가요?
[세임 씽즈]

the new one   새 것인가요?
[더 뉴- 원]

the smaller one   더 작은 것인가요?
[더 스머얼러 원]

available tickets   유효한 표인가요?
[어베일러블 티킷츠]

round-trip tickets   왕복표인가요?
[라운드 트립 티킷츠]

Would you like~?

'would you like~?'는 '~을 원하시나요?'라는 뜻으로, 상대방에게 정중하게 무엇을 권할 때 쓰는 표현입니다.

Would you like   ? ~ 드릴까요?
[우 쥬 라이크]

a menu
[메뉴-]
메뉴 드릴까요?

a blanket
[블랭킷]
담요 드릴까요?

some dinner
[섬 디너]
저녁 식사 좀 드릴까요?

a cup of coffee
[어 컵 어브 커-피]
커피 한 잔 하실래요?

something to drink
[섬씽 투 드링크]
마실 것 좀 드릴까요?

something to read
[섬씽 투 라-드]
읽을 것 좀 드릴까요?

some more cookies
[섬 모어 쿠키즈]
쿠키를 좀 더 드릴까요?

something to watch
[섬씽 투 왓치]
볼 것 좀 드릴까요?

15 Do you have ~ ?

'**Do you have~?**'는 직역하면 '**~을 가지고 있나요?**'라는 의미입니다.

Do you have [   ]? ~을 가지고 있나요?
[두 유 해브]

a cold
[어 코울드]

감기 걸렸어요?

a reservation
[어 레저베이션]

예약 하셨어요?

an appointment
[언 어퍼인트먼트]

약속 하셨어요?

an English name?
[언 잉글리쉬 네임]

영어 이름을 가지고 있어요?

a pet at home
[어 펫 앳 호움]

집에서 기르는 애완동물이 있어요?

any idea
[애니 아이디-어]

아이디어 있어요?

any special plan
[애니 스페셜 플랜]

어떤 특별한 계획이 있어요?

any similar experiences
[애니 시멀러 익스피어리언스]

어떤 비슷한 경험들이 있어요?

Did you ~?

일반동사 의문문은 기본적으로 '**do + 주어 + 동사원형~?**' 형태인데, 이때 동사가 과거형이기 때문에 **do가 did로 바뀐 것**입니다.

Did you _____**?** ~했어요?
[다 쥬]

like it
[라이크 잇]

당신은 마음에 들었어요?

make it
[메이크 잇]

당신이 그것을 만들었어요?

wash the dishes
[워쉬 더 디쉬즈]

당신이 설거지했어요?

go to church
[고우 투 처얼치]

당신은 교회에 갔어요?

study at library
[스터디 앳 라이브레리]

당신은 도서관에서 공부했어요?

watch that movie
[왓치 댓 무-비]

당신은 저 영화를 봤어요?

know about it
[노우 어바웃 잇]

당신은 그것에 대해 알았어요?

hear the news
[히어 더 뉴-즈]

당신은 그 소식을 들었어요?

17 You can ~!

'**You can~**'은 '**~할 수 있다**'와 '**~해도 된다**'의 두 가지 의미를 지니고 있습니다.

You can [유 캔] **!** ~할 수 있어요!

do it, too
[두 잇 투~]

당신도 할 수 있어요!

go home now
[고우 호움 나우]

지금 집에 가도 되요!

join the game
[저인 더 게임]

게임에 참여할 수 있어요!

choose anything
[츄~즈 애니씽]

아무거나 골라도 되요!

see the whole city
[시~ 더 호울 시티]

도시 전체를 볼 수 있소!

try all kinds of food
[트라이 어얼 카인즈 어브 푸~드]

모든 종류의 음식을 먹을 수 있어요!

enjoy movies for free
[인저이 무~비즈 퍼 프리~]

공짜로 영화를 즐길 수 있어요!

use the cell phone here
[유~즈 더 셀 포운 히어]

여기에서 휴대 전화를 사용해도 되요!

18 You should ~.

'**You should ~**'는 '**(당신은) ~해야 합니다**'라는 뜻으로 뒤에는 동사원형이 나옵니다.

You should ⬛⬛⬛⬛⬛⬛. **~해야 합니다.**
[유 슈드]

take train 6 6호선을 타셔야 합니다.
[테이크 트레인 식스]

listen to me 제 말을 잘 들어야 합니다.
[리슨 투 마–]

give him a call 그에게 전화해야 합니다.
[기브 힘 어 커얼]

buy some food 음식을 좀 사야 합니다.
[바이 섬 푸–드]

go to the hospital 병원에 가셔야 합니다.
[고우 투 더 하–스피틀]

go back to Korea 한국으로 돌아가셔야 합니다.
[고우 백 투 커라–어]

take the airport bus 공항버스를 타셔야 합니다.
[테이크 디 에어퍼얼트 버스]

find your tour group 여행 단체를 찾아야 합니다.
[파인트 유어 투어 그루웁]

19 Can you help me~?

'help + 사람 + (to) 동사원형'은 '00가 ~하는 것을 돕다'라는 의미의 문형으로, 상대방에게 도움을 요청할 때 쓸 수 있는 표현입니다.

Can you help me ⬛⬛⬛⬛⬛⬛ ? ~을 도와주시겠어요?
[캔 유 헬프 미]

clean up
[클리인 업]

청소하는 걸 도와주시겠어요?

carry this box
[캐리 디스 박스]

이 상자 옮기는 걸 도와주시겠어요?

pass the exam
[패스 디 이그잼]

시험에 합격하도록 도와주시겠어요?

win the game
[윈 더 게임]

시합에 이기도록 도와주시겠어요?

finish my work
[피니쉬 마이 워얼크]

내 일을 마치도록 도와주시겠어요?

pack the stuff
[팩 더 스터프]

짐 싸는 걸 도와주시겠어요?

look for my wallet
[룩 퍼 마이 월릿]

내 지갑 찾는 걸 도와주시겠어요?

get to Coney Island
[겟 투 코우니 아일랜드]

코니 아일랜드까지 가는데 도와주시겠어요?

⑳ Have you tried ~?

'**Have you tried ~?**'는 '**~해 본 적 있나요?**'라는 의미입니다. 이때 try는 '시도하다'라는 뜻으로, 뒤에 음식이 나오면 '먹어 보다', 옷이 나오면 '입어 보다' 등 다양하게 활용할 수 있습니다.

Have you tried ⬚⬚⬚⬚⬚⬚⬚ **?** ~해 본 적 있나요?
[해브 유 트라이드]

bulgogi
[불고기]

불고기 먹어 봤어요?

(on) a hanbok
[(언) 어 한복]

한복 입어 봤어요?

(on) a kimono
[(언) 어 커모우너]

기모노 입어 봤어요?

Korean food
[커라-언 푸-드]

한국 요리 먹어 봤어요?

other medicine
[어더 메더신]

다른 약을 먹어 봤어요?

asking for advice
[애스킹 퍼 애드바이스]

조언을 구해 봤어요?

bungee jumping
[번쥐 점핑]

번지점프 해 봤어요?

getting some exercise
[게팅 섬 엑서사이즈]

운동을 좀 해 봤어요?

21 How about ~?

How about ~?은 '**~는 어때요?**'라며 무엇을 제안할 때 사용하는 문형으로, 뒤에 명사나 동사의 -ing형이 옵니다.

How about [   ] **?** ~ 어때요?
[하우 어바웃]

you
[유]
당신은 어때요?

a drink
[어 드링크]
한 잔 하는 것 어때요?

this one
[디스 원]
이건 어때요?

next Friday
[넥스트 프라이데이]
다음 주 금요일 어때요?

tomorrow
[터마-로우]
내일은 어때요?

having lunch
[해빙 런치]
점심 식사 하는 것 어때요?

reading novels
[라-딩 나벌스]
소설을 읽는 건 어때요?

joining this program
[저이닝 디스 프로우그램]
이 프로그램에 참여하는 건 어때요?

22 How long ~?

'How long~?'은 시간이나 거리, 길이가 얼마나 되는지 물어볼 수 있는 표현이 됩니다.

How long
[하우 러엉]

? 얼마나 ~가요?

are they
[아- 데이]

그것들은 얼마나 걸리나요?

is the rope
[이즈 더 로웁]

끈이 얼마나 긴가요?

is the course
[이즈 더 커얼스]

그 과정은 얼마나 걸리나요?

is it to Manhattan
[이즈 잇 투 맨해튼]

맨해튼까지 얼마나 걸리나요?

can turtles live
[캔 터얼틀즈 리브]

거북이는 얼마나 사나요?

have you been here
[해 뷰 빈 히어]

여기에 온 지 얼마나 되셨어요?

have you been married
[해 뷰 빈 메리드]

결혼한 지 얼마나 되셨어요?

have you been in Korea
[해 뷰 빈 인 커라-어]

한국에 온 지 얼마나 되셨어요?

23 How do you ~?

'**How do you ~?**' 문형은 '**어떻게 ~합니까?**'라는 의미로, 뒤에 동사원형을 씁니다.

How do you [하우 두 유] **?** 어떻게 ~ 해요?

feel
[피일]

기분이 어떠세요?

know
[노우]

어떻게 알았어요?

study English
[스터디 잉글리쉬]

영어 공부 어떻게 하세요?

spell your name
[스펠 유어 네임]

이름 철자가 어떻게 되요?

say it
[세이 잇]

그것을 어떻게 말해요?

eat them
[이잇 뎀]

그것들을 어떻게 먹어요?

spend your time
[스펜드 유어 타임]

시간을 어떻게 보내세요?

think about him
[씽크 어바웃 힘]

그에 대해 어떻게 생각해요?

24 What kind[kinds] of ~ is[are] there?

'**어떤 종류의 ~가 있나요?**'라는 뜻으로 of 뒤에 오는 명사가 복수형이면 '**What kinds of ~ are there?**'가 됩니다.

What kind of ▢▢▢▢ **is there?** 어떤 종류의 ~가 있나요?
[왓 카인드 어브] [이즈 데어]

art
[아알트]
어떤 종류의 예술품이 있나요?

food
[푸―드]
어떤 종류의 음식이 있나요?

bread
[브레드]
어떤 종류의 빵이 있나요?

wine
[와인]
어떤 종류의 와인이 있나요?

What kinds of ▢▢▢▢ **are there?** 어떤 종류의 ~가 있나요?
[왓 카인즈 어브] [아― 데어]

books
[북스]
어떤 종류의 책들이 있나요?

flowers
[플라워스]
어떤 종류의 꽃들이 있나요?

instruments
[인스트러먼츠]
어떤 종류의 악기들이 있나요?

healthy herbs
[헬씨 허얼브]
어떤 종류의 건강에 좋은 나물들이 있나요?

25 What do you want to ~?

'What do you want ~?'는 '~하기를 원하십니까?'라는 의미의 문형으로, to 뒤에 동사원형을 씁니다.

What do you want to [_____] ? ~하고 싶어요?
[왓 두 유 원트 투]

drink
[드링크]
뭘 마시고 싶어요?

eat
[이잇]
뭘 먹고 싶어요?

be
[비-]
뭐가 되고 싶어요?

write
[라이트]
뭘 쓰고 싶어요?

see
[시-]
뭘 보고 싶어요?

read
[라-드]
뭘 읽고 싶어요?

listen
[리슨]
뭐가 듣고 싶어요?

choose
[추-즈]
뭘 고르고 싶어요?

26 When do you want to ~?

'언제 ~하고 싶어요?'라고 물어보려면 때를 묻는 의문사 when을 문장 앞에 붙여 '**When do you want to + 동사원형?**'이라고 합니다.

When do you want to [   ] **?** 언제 ~하고 싶어요?
[웬 두 유 원트 투]

leave
[라-브]
언제 떠나고 싶어요?

start
[스타얼트]
언제 출발하고 싶어요?

read
[라-드]
언제 읽고 싶어요?

go out
[고우 아웃]
언제 외출하고 싶어요?

come
[컴]
언제 오고 싶어요?

travel
[트래블]
언제 여행하고 싶어요?

tell him
[텔 힘]
언제 그에게 말하고 싶어요?

do for her
[두 퍼 허]
언제 그녀를 위해 하고 싶어요?

② When do/does/did ~?

'When do/does/did ~ ?' 문형은 '**언제 ~하나요?**'라는 의미를 나타내는 문형입니다.

When do [웬 두]   **?** 언제 ~하나요?

you cry
[유 크라이]
언제 울어요?

you meet them
[유 미잇 뎀]
언제 그들을 만나요?

When does [웬 더즈]   **?** 언제 ~하나요?

the full-day tour start
[더 풀 데이 투어 스타일트]
종일투어는 언제 시작하나요?

the movie end
[더 무-비 엔드]
영화는 언제 끝나요?

When did [웬 디드]   **?** 언제 ~하나요?

you come back
[유 컴 백]
당신은 언제 돌아왔어요?

you start learning English
[유 스타일트 러-닝 잉글리쉬]
당신은 언제 영어를 배우기 시작했나요?

28 Where do/does/did ~?

'**Where do/does/did ~ 동사?**' 문형은 **목적지를 묻는 표현**입니다. 이때 이동의 의미를 가진 동사를 씁니다.

Where do   **?** 어디로 ~해요?
[웨어 두]

you like to go shopping   쇼핑하러 어디에 가기를 좋아하나요?
[유 라이크 투 고우 샤핑]

you want to go   어디에 가고 싶어요?
[유 원트 투 고우]

Where does   **?** 어디로 ~해요?
[웨어 더즈]

the half-day tour go   반나절투어는 어디에 가나요?
[더 하프 데이 투어 고우]

the camp go   캠프는 어디로 가나요?
[더 캠프 고우]

Where did   **?** 어디로 ~해요?
[웨어 디드]

you move   어디로 이사 갔어요?
[유 무-브]

you go during summer break   여름 휴가 때 어디로 갔어요?
[유 고우 듀-링 서머 브레이크]

29 Where can I buy ~?

'Where can we buy ~?'는 '어디서 ~을 살 수 있을까요?'라는 뜻의 문형입니다.

Where can I buy _____ ? 어디서 ~을 살 수 있을까요?
[웨어 캔 아이 바이]

a nice men's suit   어디서 멋진 남성복을 살 수 있을까요?
[어 나이스 멘즈 수웃]

a ticket   어디서 표를 살 수 있을까요?
[어 티킷]

some souvenirs   어디서 기념품을 좀 살 수 있을까요?
[섬 수-버니어스]

some drinks   어디서 음료수를 좀 살 수 있을까요?
[섬 드링크스]

postcard   어디서 엽서를 살 수 있을까요?
[포우스트카얄드]

a newspaper   어디서 신문을 살 수 있을까요?
[어 뉴-즈페이퍼]

discount ticket   어디서 할인표를 살 수 있을까요?
[디스카운트 티킷]

an admission ticket   어디서 입장권을 살 수 있을까요?
[언 애드미션 티킷]

30 Which ~?

'which'는 '어떤'이라는 의미로, A와 B 중 어느 쪽을 선택할 것인지 묻는 의문사입니다.

Which **?** 어떤 ~해요?
[위치]

tour (would you like)
[투어 (우 쥬 라이크)]
어떤 투어(를 원하시나요)?

fruit do you want
[프루웃 두 유 원트]
어떤 과일을 원하시나요?

way do you want to go
[웨이 두 유 원트 투 고우]
어느 길로 가고 싶어요?

car is yours
[카- 이즈 유어스]
어느 차가 당신 것인가요?

one do you love more
[원 두 유 러브 모어]
어떤 것을 더 좋아하세요?

one do you want to drink
[원 두 유 원트 투 드링크]
어떤 것을 마시고 싶어요?

way is the Central Park
[웨이 이즈 더 센트럴 파알크]
어느 길이 센트럴파크쪽인가요?

team do you think will win
[티임 두 유 씽크 윌 윈]
어느 팀이 이길 거라고 생각해요?

'**Does it cost + 비용 ~?**'은 '~하는 데 (비용이) 드나요?'라는 뜻입니다. 이 문형을 응용해
의문사 **how much**를 붙여서 '(~하는데) 얼마나 드나요?'라고 더 많이 사용합니다.

Does it cost ⬜⬜⬜ **?** ~하는데 비용이 드나요?
[더즈 잇 커-스트]

more money   돈이 더 드나요?
[모어 머니]

extra money   추가 비용이 드나요?
[익스트라 머니]

50 dollars to go there   그곳에 가는데 50달러가 드나요?
[피프티 달러즈 투 고우 데어]

a lot very much   매우 많이 드나요?
[어 랏 베리 머치]

How much does it cost ⬜⬜ **?** ~하는데 얼마나 드나요?
[하우 머치 더즈 잇 커-스트]

for adults   성인은 얼마나 드나요?
[퍼 어덜츠]

to stay here   여기에 묵는데 얼마나 드나요?
[투 스테이 히어]

to go to New York   뉴욕까지 가는데 얼마나 드나요?
[투 고우 투 누-여억]

32 It's getting ~.

It'sgetting~ 문형은 '**~해지고있다**'라는뜻으로, 뒤에형용사나형용사의비교급을써서생동감 있는 표현이 됩니다.

It's getting [   ]. ~해지고 있어요.
[잇츠 게팅]

dark [다알크]	어두워지고 있어요.
late [레이트]	시간이 늦어지고 있어요.
cold [코울드]	추워지고 있어요.
worse [워얼스]	더 나빠지고 있어요.
hotter [하터]	더 더워지고 있어요.
closer [클로서]	더 가까워지고 있어요.
harder [하알더]	더 어려워지고 있어요.
better [베터]	더 좋아지고 있어요.

33 This is ~.

사람을 소개할 때는 'He is'나 'She is'라고 하지 않고 **This is ~**'라고 합니다.

This is ⬛⬛⬛⬛⬛⬛⬛⬛⬛ . 이쪽은 ~입니다.
[디스 이즈]

my boyfriend David   이쪽은 제 남자 친구 데이비드예요.
[마이 버이프렌드 데이빗]

my son   이쪽은 제 아들이에요.
[마이 선]

my family   이쪽은 제 가족이에요.
[마이 패멀리]

my boss, Mr. Roberts   이쪽은 제 상사인 로버츠 씨입니다.
[마이 보-스 미스터 로버얼츠]

Hyena, my girlfriend   이쪽은 제 여자 친구 헤나예요.
[헤나 마이 거얼프렌드]

my teacher Mr. Baker   이쪽은 제 선생님인 베이커 씨입니다.
[마이 티-처 미스터 베이커]

his wife, Mrs. Tayler   이쪽은 그의 아내 테일러 씨예요.
[히즈 와이프 미시즈 테일러]

her sister Jenny   이쪽은 그녀의 여동생 제니예요.
[허 시스터 제니]

34 Is this ~ to ~?

'**Is this + 교통수단 + to + 목적지?**' 형태로, 여행지에서 길을 물을 때 많이 쓸 수 있는
표현입니다.

Is this _____ **to** _____ **?** ~인가요?
[이즈 디스]   [투]

the bus [더 버스]	Coney Island [코우니 아일랜드]	코니 아일랜드행 버스인가요?
the bus [더 버스]	Central Park [센트럴 파알크]	센트럴파크행 버스인가요?
the train [더 트레인]	Busan [부산]	부산행 열차인가요?
the train [더 트레인]	Milan [밀랜]	밀라노행 열차인가요?
the flight [더 플라잇]	New York [누-여억]	뉴욕행 비행기인가요?
the flight [더 플라잇]	L.A. [엘에이]	로스엔젤레스행 비행기인가요?
the subway [더 섭웨이]	downtown [다운타운]	시내방향 지하철인가요?
the tram [더 트램]	Vitoria Peak [빅타-리어 피익크]	빅토리아피크행 트램인가요?

35 That sounds ~.

That sounds ~'는 직역하면 '그거 ~한 소리군요'라는 의미인데, 뒤에 형용사를 써서 **상대방의 말에 대한 감상을 표현**할 때 사용합니다.

That sounds ⬛⬛⬛⬛⬛⬛ ! 그거 ~하군요!
[댓 사운즈]

terrific [터리픽]	그거 좋은데요!
strange [스트레인쥐]	그거 이상하군요!
interesting [인터레스팅]	그거 흥미롭군요!
beautiful [뷰-터펄]	그거 아름다운 얘기군요!
cool [쿠울]	그거 멋진데요!
fun [펀]	그거 재미있군요!
romantic [로우맨틱]	그거 낭만적이군요!
perfect [퍼얼픽트]	그거 이상적이군요!

36 Don't be ~.

동사가 맨 앞에 나오는 **명령문에서 동사 앞에 'Don't'를 붙이면 '~하지 마라'**는 뜻의 부정명령문이 됩니다. 이때 동사가 be동사이면 **'Don't be ~'**가 됩니다.

Don't be _____ . ~하지 말아요.
[도운트 비-]

scared 무서워하지 말아요.
[스케얼드]

shy 부끄러워하지 말아요.
[샤이]

sad 슬퍼하지 말아요.
[새드]

late 늦지 말아요.
[레이트]

lazy 나태하지 말아요.
[레이지]

angry 화내지 말아요.
[앵그리]

nervous 초조해하지 말아요.
[너얼버스]

disappointed 실망하지 말아요.
[디서퍼인티드]

37 Look at ~.

'**look at**'은 '**~을 보다**'라는 뜻의 숙어입니다. **at** 뒤에는 목표물이나 행동의 대상이 나옵니다.

Look at [룩 앳] _____**!** ~ 좀 봐요!

me
[마–]
날 좀 봐요!

the stars
[더 스타알스]
별들 좀 봐요!

the menu
[더 메뉴–]
메뉴 좀 봐요!

the view
[더 뷰–]
경치 좀 봐요!

the ball
[더 버얼]
공 좀 봐요!

the blue sky
[더 블루– 스카이]
푸른 하늘 좀 봐요!

the cute boy
[더 큐–트 버이]
저 귀여운 소년 좀 봐요!

all the T-shirts
[어얼 더 티– 셔얼츠]
티셔츠들 좀 봐요!

38 Let's ~.

'**Let's + 동사원형**'은 '**~합시다**'라는 의미로, 제안하거나 의견을 제시할 때 쓰는 문형입니다.

Let's _____ **.** ~합시다.
[렛츠]

do both.
[두 보우쓰]

둘 다 해요.

have both
[해브 보우쓰]

둘 다 먹어요.

go to both places
[고우 투 보우쓰 플레이시즈]

두 곳 다 가죠.

sing both songs
[싱 보우쓰 송스]

두 곡 다 부르자.

buy some for the grandkids
[바이 섬 퍼 더 그랜드키즈]

손자들에게 줄 것 좀 삽시다.

buy some for my parents
[바이 섬 퍼 마이 페어런츠]

부모님께 드릴 것 좀 삽시다.

cook some for my friends
[쿡 섬 퍼 마이 프렌즈]

친구들에게 줄 것 좀 요리합시다.

make some for Lucy
[메이크 섬 퍼 루시]

루시에게 줄 것 좀 만듭시다.

39 Have a ~.

'**Have (a) ~**' 패턴은 명령문 스타일이지만, 딱딱하지 않고 **부드러운 느낌으로 말할 수 있는 문장**입니다.

Have a _____ .
[해 버]

~세요.

safe trip
[세이프 어 트립]

안전한 여행 되세요.

nice weekend
[나이스 위-켄드]

좋은 주말 되세요.

good time
[굿 타임]

즐거운 시간 되세요.

seat
[시잇]

자리에 앉으세요.

drink
[드링크]

한 잔 하세요.

nice day
[나이스 데이]

좋은 날 되세요.

good summer break
[굿 서머 브레이크]

즐거운 여름 휴가 되세요.

nice April Fool's day
[나이스 에이프럴 푸울스 데이]

즐거운 만우절 되세요.

40 Give me a ~!

'**give me a ~**' 문형은 '**~해 주세요**'라는 뜻으로 쓰이는 다양한 표현이 있습니다.

Give me a   **!** ~해 주세요!
[기브 미- 어]

hug
[허그]

안아주세요!

call
[커얼]

전화해 주세요!

break
[브레이크]

그만 좀 하세요!

chance
[챈스]

한 번만 봐 주세요!

rest
[레스트]

귀찮게 하지 마세요!

hand
[핸드]

도와주세요!

hint
[힌트]

힌트 좀 주세요!

piggyback
[피기백]

업어 주세요!

메모

메모

4. QR코드를 통한 편리한 학습 기능

페이지마다 QR코드를 수록하여, 스마트폰만 있으면 필요한 상황에서 원어민의 발음을 바로 확인할 수 있는 편리한 기능을 수록하고 있습니다.

5. 유용한 표현 더 배워보기

실전회화에 꼭 필요한 단어와 문장들을 정리하여 수록하였습니다. 〈단어만 알아도 편해요〉는 본문의 회화 상황과 관련하여 도움이 되는 단어들로 구성되어 있습니다. 〈이런 표현도 있어요〉는 본문 회화 외에 일어날 수 있는 상황에서 사용할 수 있는 유용한 회화 표현입니다.

6. 알아두면 도움이 되는 기본 표현

여행을 하면서 필요한 간단한 표현들을 상황별로 수록하였습니다. 이미 알고 있는 표현이나 간단한 숫자, 요일 등의 단어가 갑자기 생각이 나지 않을 때가 있습니다. 이런 상황에서 유용한 도움이 될 수 있도록 구성하였습니다.

목차

목차

CHAPTER 01

출발 Departure

기내 좌석 찾기

승무원	어서 오세요. 탑승권을 보여 주시겠어요? **Welcome aboard. Can I see your boarding passes?** [웰컴 어버얼드 캔 아이 사- 유어 버얼딩 패시즈]
이서준	여기 있습니다. **Here you go.** [히어 유 고우]
승무원	감사합니다. 좌석이 22A와 22B이군요. **Thank you. You are seated in 22A and 22B.** [쌩 큐 유 아- 시-티드 인 트웨니투- 에이 앤드 트웨니투- 바-] 앞으로 쭉 가셔서 오른쪽입니다. **Go straight ahead and to the right.** [고우 스트레잇 어헤드 앤드 투 더 라잇]
이선희	창가 좌석인가요? **Do we have a window seat?** [두 위 해 버 윈도우 시잇]
승무원	22A는 창가 좌석이고요. 22B는 통로 옆입니다. **22A is a window seat. 22B is next to the aisle.** [트웨니투- 에이 이즈 어 윈도우 시잇 트웨니투- 바- 이즈 넥스트 투 디 아일]
이선희	감사합니다. **Thank you.** [쌩 큐]
승무원	즐거운 비행 되세요! **Enjoy your flight!** [인조이 유어 플라잇]

✱ 단어   welcome [웰컴] 환영하다   aboard [어버얼드] 탑승한   be seated in [비- 시-티드 인] ~에 앉다   straight [스트레잇] 똑바로   ahead [어헤드] 앞으로   right [라잇] 오른쪽   next to [넥스트 투] ~바로 옆에   aisle [아일] 통로   enjoy [인조이] 즐기다   flight [플라잇] 비행

Can I see your boarding passes?

[캔 아이 시- 유어 버얼딩 패시즈]

탑승권을 보여 주시겠어요?

직역하면 '내가 당신의 탑승권을 볼 수 있습니까?'라는 의미입니다.
'Can I see~?' 문형은 상대방에게 **'~을 보여 주시겠어요?'**라고 할 때 흔히 쓰는 표현입니다.
정중하게 상대방의 허락을 구하거나 부탁할 때 많이 사용하는 표현이기 때문에 꼭 기억해 두세요.

 기본 패턴 익히기

Q

Can I see your boarding passes?   탑승권을 보여 주시겠어요?

[캔 아이 시- 유어 버얼딩 패시즈]

Can I see his mail?   그의 편지를 보여 주시겠어요?

[캔 아이 시- 히스 메일]

Can I see your ticket?   당신의 표를 보여 주시겠어요?

[캔 아이 시- 유어 티킷]

Can I see her card?   그녀의 카드를 보여 주시겠어요?

[캔 아이 시- 허 카알드]

A

Here you go.   여기요.
[히어 유 고우]

Sure.   물론이죠.
[슈어]

Yes.   네.
[예스]

Sorry, I don't have it.   죄송합니다만, 없습니다.
[서-리 아이 도운트 해브 잇]

✳ **plus tip**   Can I see[캔 아이 시-]~ ? 대신 May I see[메이 아이 시-]~? 표현도 같은 뜻으로 쓰입니다.

✳ **단어**   **boarding pass** [버얼딩 패스] 탑승권   **mail** [메일] 편지, 메일   **ticket** [티킷] 표   **sure** [슈어] 확신하는

10

02 Do we have a window seat?

[두 위 해 버 윈도우 시잇]

창가 좌석인가요?

'Do we have~?'는 직역하면 '우리가 ~을 가지고 있나요?'라는 의미입니다.
일행이 없고 혼자이면 'Do I have~[두 아이 해브]?'라고 합니다. 이 표현은 무엇을 확인하고자 할 때
사용하는 표현입니다.

Q

Do we have a window seat?   창가 좌석인가요?
[두 위 해 버 윈도우 시잇]

Do I have a good view?   전망이 좋은 방인가요?
[두 아이 해 버 굿 뷰-]

Do I have round-trip tickets?   왕복표인가요?
[두 아이 해브 라운드 트립 티킷츠]

Do I have a double bed?   더블 침대인가요?
[두 아이 해 버 더블 베드]

A

22A is a window seat.   22A가 창가 좌석입니다.
[트웨니투- 에이 이즈 어 윈도우 시잇]

Yes, you do.   예, 그렇습니다.
[예스 유 두]

I'm afraid you don't.   죄송하지만 아닙니다.
[아임 어프레이드 유 도운트]

No, you have a single.   아니요, 싱글 침대입니다.
[노우 유 해 버 싱글]

✳ 단어   window seat [윈도우 시잇] 창가 좌석   view [뷰-] 전망   round-trip ticket [라운드 트립 티킷]
왕복표   double bed [더블 베드] 큰 사이즈의 2인용 침대   afraid [어프레이드] 유감스러운
single [싱글] 1인용의

단어만 알아도 편해요!

aisle seat 통로 좌석
[아일 시잇]

blanket 담요
[블랭킷]

air sickness bag 멀미용 봉투
[에어 씨크니스 백]

cabin crew 객실 승무원
[캐빈 크루-]

first class 일등석
[퍼얼스트 클래스]

business class 비즈니스석
[비즈너스 클래스]

economy class 일반석
[이카너미 클래스]

carry on 기내 휴대 수화물
[캐리 언]

이런 표현도 있어요!

Q. 묻는 표현	A. 답하는 표현
● 자리를 바꿀 수 있을까요? **Can I change my seat?** [캔 아이 체인쥐 마이 시잇]	네, 36C로 옮겨 드릴게요. **Sure, I can move you to 36C.** [슈어 아이 캔 무-브 유 투 써얼티씩스 씨-] 다른 빈 좌석이 없습니다. **There are no other available seats.** [데어 아- 노우 어더 어베일러블 시잇츠]
● 통로 좌석으로 드릴까요, 창가 좌석으로 드릴까요? **Would you like an aisle seat or a window seat?** [우 쥬 라이크 언 아일 시잇 오어 어 윈도우 시잇]	창가 좌석으로 주세요. **A window seat please.** [어 윈도우 시잇 플리-즈]

❋ 단어 **change** [체인쥐] 바꾸다 **move to** [무-브 투] ~로 옮기다 **other** [어더] 다른 **available** [어베일러블] 이용할 수 있는

12

기내식

승무원 저녁 식사 드릴까요?

Would you like some dinner?

[우 쥬 라이크 섬 디너]

이선희 네. 무엇이 있죠?

Yes. What do you have?

[예스 왓 두 유 해브]

승무원 닭고기와 감자 또는 생선과 밥이 있습니다.

We have chicken and potatoes or fish and rice.

[위 해브 치킨 앤드 퍼테이토우즈 오어 피쉬 앤드 라이스]

이선희 생선으로 주세요.

Fish please.

[피쉬 플라-즈]

이서준 닭고기로 할게요.

I'll have the chicken.

[아일 해브 더 치킨]

이선희 그리고 레드 와인 주세요.

And red wine, please.

[앤드 레드 와인 플라-즈]

✱ 단어   chicken [치킨] 닭(고기) potato [퍼테이토우] 감자 wine [와인] 와인, 포도주

Would you like some dinner?

[우 쥬 라이크 섬 디너]

저녁 식사 드릴까요?

'would like'는 '원하다'라는 의미로, want보다 정중한 표현입니다.
의문형인 **'would you like~?'**는 '**~을 원하시나요?**'라는 뜻으로, 상대방에게 권유하는 표현이 됩니다.

 기본 패턴 익히기

Would you like some dinner?   저녁 식사 드릴까요?
[우 쥬 라이크 섬 디너]

Would you like a cup of coffee?   커피 한 잔 하실래요?
[우 쥬 라이크 어 컵 어브 커-피]

Would you like something to drink?   마실 것 좀 드릴까요?
[우 쥬 라이크 섬씽 투 드링크]

Would you like something to read?   읽을 것 좀 드릴까요?
[우 쥬 라이크 섬씽 투 라-드]

A

Yes, I would. [예스 아이 우드]   예, 원해요.

Yes, please. [예스 플리-즈]   예, 주세요.

No, I wouldn't. [노우 아이 우든트]   아니요, 괜찮습니다.

No, thank you. [노우 쌩 큐]   고맙지만 괜찮습니다.

＊ plus tip   뒤에 동사가 올 때는 to와 함께 사용하여 would like to의 형태가 되며 '~하기를 원하다, ~하고 싶다'라는 의미가 됩니다.

＊ 단어   **some** [섬] 무엇인가의   **dinner** [디너] 저녁 식사   **a cup of** [어 컵 어브] 한 잔의   **something** [섬씽] 무언가   **drink** [드링크] 마시다   **read** [리-드] 읽다

04 What do you have?
[왓 두 유 해브]

무엇이 있죠?

'**What do you have?**'는 직역하면 '**무엇을 가지고 있나요?**'라는 뜻입니다. 뒤에 '~하기 위한 것'이
라는 의미를 나타내려면 'to + 동사원형'을 붙입니다.

 기본 패턴 익히기

What do you have?
[왓 두 유 해브]

무엇이 있죠?

What do you have to eat?
[왓 두 유 해브 투 이잇]

먹을 것으로 무엇이 있죠?

What do you have to read?
[왓 두 유 해브 투 리–드]

읽을 것으로 무엇이 있죠?

What do you have to drink?
[왓 두 유 해브 투 드링크]

마실 것으로 무엇이 있죠?

A

We have fish and rice. [위 해브 피쉬 앤드 라이스]

생선과 밥이 있습니다.

We have some cookies. [위 해브 섬 쿠키즈]

쿠키가 좀 있습니다.

We have five kinds of magazines.
[위 해브 파이브 카인즈 어브 매거지인즈]

잡지가 다섯 가지 있습니다.

We have coffee and soft drinks.
[위 해브 커–피 앤드 서–프트 드링크스]

커피와 탄산음료가 있습니다.

✻ 단어　　fish [피쉬] 생선　rice [라이스] 밥, 쌀　cookie [쿠키] 쿠키　kind [카인드] 종류
magazine [매거지인] 잡지　soft drink [서–프트 드링크] 탄산음료

유용한 표현 더 배워보기

단어만 알아도 편해요!

snack 간식
[스낵]

orange juice 오렌지 주스
[어- 린쥐 쥬-스]

tea 차
[타-]

newspaper 신문
[뉴-즈페이퍼]

red pepper paste 고추장
[레드 페퍼 페이스트]

beef 소고기
[비-프]

water 물
[워-터]

bread 빵
[브레드]

이런 표현도 있어요!

Q. 묻는 표현	A. 답하는 표현
● 식사는 언제 주나요? **When will you serve the meal?** [웬 윌 유 서얼브 더 미일]	식사는 20분 후에 드립니다. **We will serve dinner in 20 minutes.** [위 윌 서얼브 디너 인 트웨니 미닛츠]
● 마실 건 무엇으로 드릴까요? **What would you like to drink?** [왓 우 쥬 라이크 투 드링크] **Something to drink?** [섬씽 투 드링크]	오렌지 주스 주세요. **Orange juice please.** [어 -린쥐 쥬 -스 플리 -즈]

✳ 단어   **serve** [서얼브] (음식을) 제공하다   **meal** [미일] 식사

16

인사

1 안녕하세요.

Good morning(afternoon/evening).

[굿 모-닝(애프터누운/이브닝)]

2 처음 뵙겠습니다.

How do you do?

[하우 두 유 두]

3 만나 뵙게 되어 반갑습니다.

Nice to meet you.

[나이스 투 미츄]

4 어떻게 지내세요? — 잘 지내고 있어요.

How are you? — Fine, thank you.

[하우 아 유 – 파인 쌩 큐]

5 또 만나요.

See you later. / See you.

[씨 유 레이터 / 씨 유]

6 안녕히 가세요(계세요).

Good bye.

[굿 바이]

7 몸 조심 하세요.

Take care.

[테이크 케어]

8 안녕히 주무세요.

Good night.

[굿 나잇]

Nice to meet you.

17

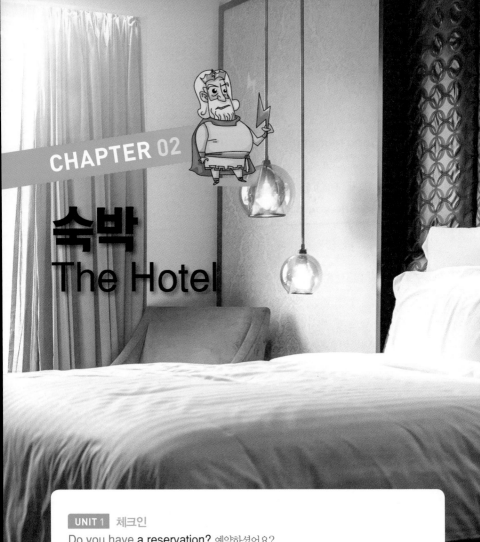

CHAPTER 02

숙박
The Hotel

UNIT 1 체크인

Do you have **a reservation?** 예약하셨어요?
[두 유 해 버 레저베이션]

Here is **your key card.** 여기 카드키 있습니다.
[히어 이즈 유어 카- 카알드]

UNIT 2 시설 이용

They have **a huge swimming pool.** 거대한 수영장이 있어요.
[데이 해 버 휴-즈 스위밍 푸울]

I hope **they have laundry service.** 세탁 서비스가 있으면 좋겠네요.
[아이 호웁 데이 해브 러언드리 서얼비스]

UNIT

1 체크인

호텔직원 좋은 저녁입니다! 예약하셨어요?

Good evening! **Do you have** a reservation?

[굿 이-브닝 두 유 해 버 레저베이션]

이선희 네, 인터넷으로 예약했어요. 이서준 이선희입니다.

Yes, we booked a room online. Mr. and Mrs. Lee.

[예스 위 북트 어 루움 온라인 미스터 앤드 미시즈 리-]

호텔직원 (컴퓨터에서) 네, 예약을 확인했습니다. 일주일인가요?

Yes, I see your reservation. One week?

[예스 아이 사- 유어 레저베이션 원 위익]

이서준 맞습니다.

That's right.

[댓츠 라잇]

호텔직원 좋습니다. 여기 카드키 있습니다.

Excellent. **Here is** your key card.

[엑셀런트 히어 이즈 유어 카- 카알드]

1102호실입니다.

You are in room 1102.

[유 아- 인 루움 일레븐 오우 투-]

이선희 감사합니다.

Thanks.

[쌩스]

✽ 단어   evening [이-브닝] 저녁 excellent [엑셀런트] 아주 좋은, 훌륭한

Do you have a reservation?

[두 유 해 버 레저베이션]

예약하셨어요?

'Do you have~?'는 직역하면 '**~을 가지고 있나요?**'입니다.
'Do you have a reservation?'은 사전에 예약한 내용이 있는지 묻는 질문입니다. 여기에서
동사 have는 '가지다' 외에도 '(음식을) 먹다', '(질병에) 걸리다' 등의 뜻도 있습니다.

 기본 패턴 익히기

Q

Do you have a reservation?

[두 유 해 버 레저베이션]

예약하셨어요?

Do you have an appointment?

[두 유 해 번 어퍼인트먼트]

약속하셨어요?

Do you have a cold?

[두 유 해 버 코울드]

감기 걸렸어요?

Did you have lunch?

[디 쥬 해브 런치]

점심 식사 드셨어요?

A

Yes, we booked a room online.
[예스 위 북트 어 루움 언라인]

네, 인터넷으로 예약했어요.

Yes, I'll meet Mr. Smith at 2 o'clock.
[예스 아일 미잇 미스터 스미쓰 앳 투~ 어클락]

네, 2시에 스미스 씨를 만나기로 했습니다.

No, I'm okay.
[노우 아임 오우케이]

아니요, 괜찮아요.

No. Will you have lunch with me?
[노우 윌 유 해브 런치 위드 미]

아니요. 저랑 같이 점심 식사 하실래요?

✳ 단어   reservation [레저베이션] 예약 appointment [어퍼인트먼트] 약속 cold [코울드] 감기
lunch [런치] 점심 book [북] 예약하다 online [언라인] 인터넷으로 meet [미잇] 만나다
o'clock [어클락] (시간을 나타내는 숫자 뒤에서) ~시

06

Here is your key card.

[히어 이즈 유어 키- 카알드]

여기 카드키 있습니다.

'Here is ~'는 **'여기 ~가 있습니다'**라는 의미입니다.
이때 주어는 here가 아니라 be동사 뒤에 나오는 명사 your key card이며, 명사의 수에 따라
be동사의 수가 결정됩니다.

 기본 패턴 익히기

 Q

Here is your key card.
[히어 이즈 유어 키- 카알드]

여기 카드키 있습니다.

Here is your receipt.
[히어 이즈 유어 리시잇]

여기 (당신의) 영수증 있습니다.

Here is your bag.
[히어 이즈 유어 백]

여기 (당신의) 가방 있습니다.

Here are the letters from Anna.
[히어 아- 더 레터스 프럼 애나]

여기 안나가 보낸 편지들이 있습니다.

A

Thanks.
[쌩스]

고마워요.

Thank you.
[쌩 큐]

감사합니다.

Thank you very much.
[쌩 큐 베리 머치]

매우 감사합니다.

Thanks a lot.
[쌩스 어 랏]

아주 고마워요.

✳ **plus tip** 간단하게 '여기 있습니다.'라고 할 때는 'Here it is.' 또는 'Here you are.'라고 하면 됩니다.

✳ **단어** key card [키- 카알드] 카드키 receipt [리시잇] 영수증 letter [레터] 편지 much [머치] 많은
a lot [어 랏] 매우

유용한 표현 더 배워보기

단어만 알아도 편해요!

single room 싱글룸
[싱글 루움]

double room 더블룸
[더블 루움]

twin room 트윈룸
[트윈 루움]

suite 스위트룸
[스윗]

breakfast voucher 조식 쿠폰
[브렉퍼스트 바우처]

include 포함하다
[인클루—드]

hotel lobby 호텔 로비
[호우텔 라비]

complimentary 무료제공
[컴플리먼터리]

이런 표현도 있어요!

Q. 묻는 표현	A. 답하는 표현
● 몇 시에 체크인 할 수 있어요? **What time can I check in?** [왓 타임 캔 아이 첵 인]	체크인은 오전 11시에 할 수 있어요. **Check-in is at 11 a.m.** [첵 인 이즈 앳 일레븐 에이엠]
● 어떤 방을 원하십니까? **What kind of room do you have in mind?** [왓 카인드 어브 루움 두 유 해브 인 마인드]	욕실이 있는 싱글룸으로 부탁합니다. **I'd like a single room with bath.** [아드 라이크 어 싱글 루움 위드 배쓰] 바다가 보이는 방으로 부탁합니다. **I'd like a room with a view of the ocean.** [아드 라이크 어 루움 위드 어 뷰– 어브 디 오우션]

✳ 단어   for [퍼] ~동안 check in [첵 인] 체크인하다 have in mind [해브 인 마인드] ~의 일을 생각하고 있다
bath [배쓰] 욕조 ocean [오우션] 바다

시설 이용

이서준 뭘 봤어?

What did you see?

[왓 디 쥬 시-]

이선희 거대한 수영장이 있어요.

They have a huge swimming pool.

[데이 해 버 휴-즈 스위밍 푸울]

이서준 사우나도 있어. 그리고 아일랜드식 퍼브도.

They have a sauna too. And an Irish pub.

[데이 해 버 서너 투- 앤드 언 아이리쉬 펍]

이선희 세탁 서비스가 있으면 좋겠네요.

I hope they have laundry service.

[아이 호웁 데이 해브 라언드리 서얼비스]

판매원 네 있습니다. 방에 세탁 바구니들이 있어요.

Yes we do. There are laundry bags in your room.

[예스 위 두 데어 아 라언드리 백스 인 유어 루움]

이서준 오, 고마워요. 여기에는 멋진 시설들이 많이 있군요.

Oh, thanks. There are a lot of great facilities here.

[오우 쌩스 데어 아- 어 랏 어브 그레잇 퍼실러티즈 히어]

✱ 단어　　sauna [서너] 사우나　Irish [아이뤼쉬] 아일랜드의　pub [펍] 퍼브(술을 비롯한 여러 음료와 음식을 파는 대중적인 술집)　a lot of [어 랏 어브] 많은　great [그레잇] 엄청난　facility [퍼실러티] 시설

07

They have a huge swimming pool.

[데이 해 버 휴-즈 스위밍 푸울]

거대한 수영장이 있어요.

'**~가 있다**'라는 의미를 나타낼 때 **have** 동사를 사용할 수 있는데, 이때 주어는 보통 사물이며, '~가 있다'라는 의미로 해석하는 것이 자연스럽습니다. 주어에 따라 **have**는 3인칭 단수형인 **has**가 되기도 합니다.

 기본 패턴 익히기

 Q

They have a huge swimming pool.   거대한 수영장이 있어요.

[데이 해 버 휴-즈 스위밍 푸울]

They have a tennis court.   테니스장이 있어요.

[데이 해 버 테니스 커얼트]

It has 100 rooms.   방이 100개 있어요.

[잇 해즈 원 헌드레드 루움스]

My school has a big auditorium.   우리 학교에 큰 강당이 있어요.

[마이 스쿠울 해 저 빅 어디터리엄]

A

Excellent! [엑셀런트]   멋진데!

Wow, amazing! [와우 어메이징]   와, 놀라운데!

Really? [리얼리]   정말?

Wonderful! [원더펄]   아주 멋진데!

※ **plus tip**   'There is[are]~'도 '~가 있다'라는 의미로 사용합니다. 즉 There is a huge swimming pool. [데어 이즈 어 휴-즈 스위밍 푸울]도 같은 뜻입니다.

※ **단어**   huge [휴-즈] 거대한 swimming pool [스위밍 푸울] 수영장 tennis court [테니스 커얼트] 테니스장
auditorium [어디터리엄] 강당 amazing [어메이징] 놀라운 wonderful [원더펄] 아주 멋진

08 I hope they have laundry service.

[아이 호웁 데이 해브 러언드리 서얼비스]

세탁 서비스가 있으면 좋겠네요.

'I hope ~'는 '~을 바라다'라는 뜻으로 소망을 나타냅니다.
'I hope + 사람 + have ~'의 문형으로 'OO에게 ~가 있으면 좋겠다'라는 의미를 나타냅니다.

 기본 패턴 익히기

Q

I hope they have laundry service.
[아이 호웁 데이 해브 러언드리 서얼비스]

세탁 서비스가 있으면 좋겠어요.

I hope you have room service.
[아이 호웁 유 해브 루움 서얼비스]

룸 서비스가 있으면 좋겠어요.

I hope it has a large parking-lot.
[아이 호웁 잇 해 저 라알지 파알킹 랏]

넓은 주차공간이 있으면 좋겠어요.

I hope you have a good job.
[아이 호웁 유 해 버 굿 잡]

당신이 좋은 직업을 가지면 좋겠어요.

A

I hope so.
[아이 호웁 소우-]

그러면 좋겠군요.

I'm afraid we don't.
[아임 어프레이드 위 도운트]

죄송하지만 없습니다.

We'll prepare it.
[위일 프리패어 잇]

준비하겠습니다.

I'll get a job soon.
[아일 겟 어 잡 수운]

곧 취직할 거예요.

> ※ **plus tip** I hope[아이 호웁]과 they have[데이 해브] 사이에는 접속사 that[댓]이 생략된 형태입니다.

> ※ **단어** hope [호웁] ~하면 좋겠다 laundry [러언드리] 세탁물 service [서얼비스] 서비스 parking-lot
> [파알킹 랏] 주차장 job [잡] 직업, 일 prepare [프리패어] 준비하다 soon [수운] 곧

단어만 알아도 편해요!

pillow 베개
[필로우]

towel 수건
[타우월]

hotel safe 호텔 금고
[호우텔 세이프]

free Internet 무료 인터넷
[프리- 이너넷]

wireless Internet 무선 인터넷
[와이어리스 이너넷]

hotel shuttle services 호텔 셔틀버스 서비스
[호우텔 셔틀 서얼비시즈]

currency exchange office 환전소
[커-렌시 익스체인쥐 어-피쓰]

souvenir shop 기념품 가게
[수-버니어 샵]

이런 표현도 있어요!

Q. 묻는 표현	A. 답하는 표현
● 룸 서비스를 부탁해도 될까요? **May I order some room service?** [메이 아이 어-더 섬 루움 서얼비스]	물론이죠. **Sure.** [슈어]
● 6시에 모닝콜 해 주세요. **A wake-up call at 6, please.** [어 웨이크 업 커얼 앳 식스 플리-즈] **Can I have a wake-up call at 6?** [캔 아이 해 버 웨이크 업 커얼 앳 식스]	네. **Okay.** [오우케이]
● 타월 두 개 더 가져다 주시겠어요? **Could you bring me two extra towels?** [쿠 쥬 브링 미 투 엑스트라 타우월스]	물론이죠. 잠시만요. **Sure. Just a moment, please.** [슈어 저스트 어 모우먼트 플리-즈]

✳ 단어   **order** [어-더] 주문 **wake-up call** [웨이크 업 커얼] 모닝콜 **bring** [브링] 가져다 주다
extra [엑스트라] 추가의 **moment** [모우먼트] 잠깐, 잠시

1 예, 그렇습니다. / 아니요, 아닙니다.
Yes, it is. / No, it isn't.
[예스 잇 이즈 / 노우 잇 이즌트]

2 알겠습니다.
I see. / I got it.
[아이 씨 / 아이 갓 잇]

3 모르겠어요.
I don't know.
[아이 돈 노우]

4 예, 부탁합니다. / 아니요, 괜찮습니다.
Yes, please. / No, thank you.
[예스 플리즈 / 노우 쌩 큐]

5 저도 그렇게 생각합니다.
I think so.
[아이 씽 소우]

6 좋은 생각입니다.
That's a good idea.
[댓츠 어 굿 아이디어]

7 물론입니다.
Sure.
[슈어]

8 잠깐 생각해 보겠습니다.
Let me think it over.
[렛 미 씽크 잇 오버]

Let me think it over.

CHAPTER 03

음식점
The Restaurant

UNIT 1 주문

Can I take **your order?** 주문하시겠습니까?
[캔 아이 테이크 유어 어-더]

How about **you?** 손님은요?
[하우 어바웃 유]

UNIT 2 카페

This one looks interesting. 이곳이 흥미로워 보이네.
[디스 원 룩스 인터레스팅]

What do you want to **drink?** 뭘 마실까?
[왓 두 유 원트 투 드링크]

웨이트리스 안녕하세요, 저는 서빙 담당 에밀리입니다.

Hi. I'm your waitress, Emily.

[하이 아임 유어 웨이트리스 에멀리]

주문하시겠습니까?

Can I take your order?

[캔 아이 테이크 유어 어-더]

이서준 버섯 버거로 할게요.

I'll have the mushroom burger.

[아일 해브 더 머쉬루움 버-거]

웨이트리스 좋습니다. 손님은요?

Great. How about you?

[그레잇 하우 어바웃 유]

이선희 스파게티 주세요. 샐러드가 포함되나요?

Spaghetti please. Does that include salad?

[스파게티 플리-즈 더즈 댓 인클루-드 샐러드]

웨이트리스 네 그렇습니다. 그리고 마늘빵도요.

Yes it does. And garlic bread.

[예스 잇 더즈 앤드 가알릭 브레드]

이선희 그러면 그것으로 하겠어요. 그리고 아이스 티도요.

I'll have that then. And an iced tea.

[아일 해브 댓 덴 앤드 언 아이스트 티-]

✻ 단어 waitress [웨이트리스] 웨이트리스 include [인클루-드] 포함하다 garlic [가알릭] 마늘
bread [브레드] 빵 then [덴] 그러면 iced tea [아이스트 티-] 아이스 티

Can I take your order?

[캔 아이 테이크 유어 어-더]

주문하시겠습니까?

'**Can I take~?**' 문형은 **상대방에게 허락을 구할 때** 쓰는 표현입니다. 동사 take는 '가지다. (교통수단을) 타다. 데리고 가다. 사진 찍다. 먹다' 등 다양한 의미가 있기 때문에 목적어에 따라 해석을 달리 해야 합니다.

 기본 패턴 익히기

 Q

Can I take your order?
[캔 아이 테이크 유어 어-더]

주문 받아도 될까요?

Can I take your coat?
[캔 아이 테이크 유어 코웃]

(당신의) 코트를 가져가도 될까요?

Can I take a bus?
[캔 아이 테이크 어 버스]

버스 타도 될까요?

Can I take him to dinner?
[캔 아이 테이크 힘 투 디너]

그를 저녁 식사에 데려와도 될까요?

A

Yes, I'll have the mushroom burger.
[예스 아일 해브 더 머쉬루움 버-거]

버섯 버거로 할게요.

Yes, please.
[예스 플리-즈]

네.

Yes, you can.
[예스 유 캔]

그럼요.

Of course.
[어브 커얼스]

물론이죠.

＊plus tip 주문을 받을 때는 Are you ready to order?[아 유 레디 투 어-더]라는 표현도 많이 사용합니다.

＊단어 coat [코웃] 코트 mushroom [머쉬루움] 버섯

30

10 How about you?

[하우 어바웃 유]

손님은요?

이 문장은 '당신은 어때요?'라는 의미로, 상대방의 의견을 묻는 표현입니다. '**How about ~?**'은 또한 제안할 때 '**~는 어때요?**'라는 의미로도 쓰이는데, 이때 about 뒤에는 명사나 동사의 -ing형이 옵니다.

How about you?
[하우 어바웃 유]

당신은 어때요?

How about a drink?
[하우 어바웃 어 드링크]

한 잔 하는 것 어때요?

How about next Friday?
[하우 어바웃 넥스트 프라이데이]

다음 주 금요일 어때요?

How about having lunch?
[하우 어바웃 해빙 런치]

점심 식사 하는 것 어때요?

Spaghetti please.
[스파게티 플리-즈]

스파게티 주세요.

Great. Where should we go?
[그레잇 웨어 슈드 위 고우]

좋아요. 어디로 갈까요?

Okay. Where can we meet?
[오우케이 웨어 캔 위 미잇]

좋아요. 어디서 만날까요?

Why not? Let's go now.
[와이 낫 렛츠 고우 나우]

좋아요. 지금 갑시다.

✳ plus tip 이 문형은 의견을 물을 때는 'what do you think?'[왓 두 유 씽크], 제안할 때는 'Let's ~'[렛츠]로 바꿔 쓸 수 있습니다.

✳ 단어 next [넥스트] 다음의 Friday [프라이데이] 금요일 why not? [와이 낫] 왜 안 되겠어? 좋아
now [나우] 지금

단어만 알아도 편해요!

soup 수프
[수웁]

dressing 드레싱
[드레싱]

steak 스테이크
[스테이크]

light meal 간단한 식사
[라잇 미일]

appetizer 전채, 애피타이저
[애피타이저]

refill 리필하다, 다시 채우다
[라-필]

Today's Special 오늘의 특선 요리
[투데이즈 스페셜]

이런 표현도 있어요!

Q. 묻는 표현	A. 답하는 표현

● 추천 메뉴가 뭐죠?

What do you recommend?
[왓 두 유 레커멘드]

여기 해산물이 맛있습니다.

The seafood is great here.
[더 시-푸-드 이즈 그레잇 히어]

● 저 사람들이 먹고 있는 걸로 할게요.

I'd like to know what they are having.
[아드 라이크 투 노우 왓 데이 아 해빙]

저것들은 채식 요리입니다.

Those are vegetarian dishes.
[도우즈 아 베쥐테리언 디쉬즈]

＊ 단어   **recommend** [레커멘드] 추천하다   **seafood** [시-푸-드] 해산물
vegetarian [베쥐테리언] 채식(주의자)   **dish** [디쉬] 요리

이서준
뉴욕에는 서울보다 카페들이 많이 있네.
New York has more cafés than Seoul!
[누-여억 해즈 모어 캐페이즈 댄 소울]

이선희
이곳이 흥미로워 보이는데. '카페 콩테'.
This one looks interesting. <Café Conte>.
[디스 원 룩스 인터레스팅 카페 콩테]

이서준
뭘 마실까?
What do you want to drink?
[왓 두 유 원트 투 드링크]

내가 쏠게!
I'll treat!
[아일 트리잇]

이선희
당신은 참 다정해. 나는 라떼로 할게.
You're so sweet. I'll have a latte.
[유어 소우- 스위잇 아일 해 버 래-테이]

이서준
그럼 난 에스프레소를 마셔야지.
And I'll have an espresso.
[앤드 아일 해 번 에스프레소우]

정신을 차려야겠거든!
I need to wake up!
[아이 니-드 투 웨이크 업]

✱ 단어   café [캐페이] 카페   treat [트리잇] 대접하다, 한턱내다   sweet [스위잇] 다정한
latte [라-테이] 우유를 탄 에스프레소 커피   espresso [에스프레소우] 에스프레소 커피
need to [니-드 투] ~해야만 한다   wake up [웨이크 업] 정신을 차리다

11

This one looks interesting.
[디스 원 룩스 인터레스팅]

이곳이 흥미로워 보이네.

'look + 형용사'는 '**~처럼 보인다, ~한 상태로 보인다**'라는 의미입니다. look 외에 sound, smell, taste, feel도 같은 방식으로 사용하며, 이 동사들을 '감각동사'라고 부릅니다.

 기본 패턴 익히기

This one looks interesting.
[디스 원 룩스 인터레스팅]

이곳이 흥미로워 보여.

You look tired.
[유 룩 타이얼드]

피곤해 보여.

It smells terrible.
[잇 스멜스 테러블]

냄새가 지독한 것 같네.

It sounds good.
[잇 사운즈 굿]

좋은 것 같네.

I think so. [아이 씽크 소우-]

나도 그렇게 생각해.

I didn't sleep last night.
[아이 디든트 슬리입 래스트 나잇!]

지난밤에 못 잤어.

I think you are a sensitive person.
[아이 씽크 유 아- 어 센서티브 퍼얼슨]

너는 예민한 사람 같아.

I agree with you. [아이 어그리- 위드 유]

나도 같은 생각이야.

※ **plus tip** 뒤에 명사가 나오면 '~처럼'의 의미를 가진 전치사 like[라이크]를 함께 씁니다.

※ **단어** **look** [룩] (보기에) ~한 것 같다 **interesting** [인터레스팅] 재미있는 **tired** [타이얼드] 피곤한 **terrible** [테러블] 지독한, 심한 **sound** [사운드] ~인 것 같다 **last night** [래스트 나잇] 지난밤 **sensitive** [센서티브] 민감한 **person** [퍼얼슨] 사람 **agree** [어그리-] 동의하다

34

12 What do you want to drink?

[왓 두 유 원트 투 드링크]

뭘 마실까?

> 'What do you want?'는 '무엇을 원하십니까?'라는 뜻의 문형인데, 뒤에 'to + 동사원형'을 추가하면 하고 싶은 행동을 표현할 수 있습니다.

Q

What do you want to drink?

[왓 두 유 원트 투 드링크]

뭘 마시고 싶어?

What do you want to eat?

[왓 두 유 원트 투 이잇]

뭘 먹고 싶어?

What do you want to be?

[왓 두 유 원트 투 비–]

뭐가 되고 싶어?

What do you want to write?

[왓 두 유 원트 투 라이트]

뭘 쓰고 싶어?

A

I want to drink some water.

[아이 원트 투 드링크 섬 워–터]

물을 마시고 싶어.

A sandwich, please.

[어 샌드위치 플리–즈]

샌드위치.

I want to be a teacher.

[아이 원트 투 비– 어 티–처]

선생님이 되고 싶어.

I want to write a novel.

[아이 원트 투 라이트 어 나벌]

소설을 쓰고 싶어.

✽ 단어   write [라이트] 쓰다, 적다   sandwich [샌드위치] 샌드위치   teacher [티–처] 선생님
novel [나벌] (장편) 소설

단어만 알아도 편해요!

mocha 모카
[모우커]

cappuccino 카푸치노
[캐푸치-노우]

sugar 설탕
[슈거]

cream 크림
[크리임]

decaf 카페인을 제거한 커피
[디-캐프]

cocktail 칵테일
[칵테일]

beer 맥주
[비어]

champagne 샴페인
[셈페인]

 이런 표현도 있어요!

Q. 묻는 표현	A. 답하는 표현
● 다음 분 주문하시겠어요? **Next in line, please?** [넥스트 인 라인 플라-즈]	카푸치노 주세요. **I'll have a cappuccino, please.** [아일 해 버 캐푸치-노우 플라-즈]
● 여기에서 드실 건가요 가져가실 건가요? **For here or to go?** [퍼 히어 오어 투 고우]	여기에서 먹을 거예요. **I'll have it here.** [아일 해브 잇 히어] 가져가겠습니다. **To go.** [투 고우]

✳ 단어　　**next in line** [넥스트 인 라인] 2번째의

숫자/달

숫자 _ Numbers

1	one	[원]	16	sixteen	[씩스틴]
2	two	[투]	17	seventeen	[세븐틴]
3	three	[쓰리]	18	eighteen	[에잇틴]
4	four	[포]	19	nineteen	[나인틴]
5	five	[파이브]	20	twenty	[트웬티]
6	six	[씩스]	30	thirty	[써얼티]
7	seven	[세븐]	40	forty	[포얼티]
8	eight	[에잇]	50	fifty	[피프티]
9	nine	[나인]	60	sixty	[씩스티]
10	ten	[텐]	70	seventy	[세븐티]
11	eleven	[일래븐]	80	eighty	[에잇티]
12	twelve	[트웰브]	90	ninety	[나인티]
13	thirteen	[써얼틴]	100	one(a) hundred	[원 헌드레드]
14	fourteen	[퍼얼틴]	1,000	one(a) thousand	[원 싸우전드]
15	fifteen	[피프틴]			

달 _ Month of the year

1월	January	[재뉴어리]	7월	July	[줄라이]
2월	February	[페브루어리]	8월	August	[오거스트]
3월	March	[마치]	9월	September	[셉템버]
4월	April	[에이프럴]	10월	October	[악토버]
5월	May	[메이]	11월	November	[노벰버]
6월	June	[주운]	12월	December	[디셈버]

CHAPTER 04

관광 I
Sightseeing I

UNIT 1 관광 계획

I really want to **see Central Park too.** 나는 정말 센트럴파크도 보고 싶어.
[아이 리얼리 원트 투 시- 센트럴 파크 투-]

Let's **do both.** 둘 다 하자.
[렛츠 두 보우쓰]

UNIT 2 관광안내소

How long **are they?** 얼마나 걸리나요?
[하우 러엉 아- 데이]

Where does **the half-day tour go?** 반나절투어는 어디에 가나요?
[웨어 더즈 더 하프 데이 투어 고우]

UNIT

1 관광 계획

이서준 뭘 하고 싶어?

What do you want to do?
[왓 두 유 원트 투 두]

이선희 모든 걸! 현대미술관은 어때?

Everything! How about the *Museum of Modern Art?
[에브리씽 하우 어바웃 더 뮤지엄 어브 마-던 아알트]

이서준 그럴 거라 생각했지.

I guess so.
[아이 게스 소우-]

나는 정말 센트럴파크도 보고 싶어.

I really want to see *Central Park too.
[아이 리얼리 원트 투 시- 센트럴 파알크 투-]

이선희 둘 다 하자.

Let's do both.
[렛츠 두 보우쓰]

우선 시내지도가 필요하겠네.

First we need a city map.
[퍼얼스트 위 니-드 어 시티 맵]

이서준 좋은 생각이야. 길을 잃고 싶진 않으니까.

Good idea. I don't want to get lost.
[굿 아이디-어 아이 돈트 원트 투 겟 라-스트]

* **Museum of Modern Art** : 현대 미술관(뉴욕시에 있는 유명 미술관으로 줄여서 'MoMA 모마'라고 한다)
* **Central Park** : 센트럴파크(뉴욕시에 있는 대규모 공원으로, 뉴욕 시민뿐 아니라 관광객에게도 인기가 많은 곳)

✸ 단어   **everything** [에브리씽] 모든 (것)   **museum** [뮤지-엄] 미술관, 박물관   **modern** [마-던] 현대 의, 근대의   **guess** [게스] ~라고 생각하다   **map** [맵] 지도   **get lost** [겟 라-스트] 길을 잃다

13

I really want to see Central Park too.

[아이 리얼리 원트 투 시- 센트럴 파일크 투-]

나는 정말 센트럴파크도 보고 싶어.

하고 싶은 동작을 나타낼 때는 '**I want to + 동사원형**' 형태로 씁니다.
really는 '진짜로, 정말로'의 의미로 강조하기 위해 덧붙이는 단어입니다.

 기본 패턴 익히기

 Q

I really want to see Central Park too.

[아이 리얼리 원트 투 시- 센트럴 파일크 투-]

나는 정말 센트럴파크도 보고 싶어.

I really want to go there.

[아이 리얼리 원트 투 고우 데어]

나는 정말 그곳에 가고 싶어.

I really want to meet you.

[아이 리얼리 원트 투 미잇 유]

나는 정말 당신을 만나고 싶어.

I really want to travel abroad.

[아이 리얼리 원트 투 트레블 업러-드]

나는 정말 해외여행 가고 싶어.

 A

So do I.

[소우- 두 아이]

나도 그래.

Then let's go there together.

[덴 렛츠 고우 데어 터게더]

그러면 같이 가자.

Me, too.

[미- 투-]

나도 그래.

I'll follow you.

[아일 팔로우 유]

나도 따라 갈게.

✱ plus tip   회화에서는 I want to[아이 원트 투]~를 I wanna[아이 워너]~ 형태로도 많이 사용합니다.

✱ 단어   **too** [투-] 또한   **abroad** [업러-드] 해외로   **together** [터게더] 함께   **follow** [팔로우] 따르다

14 Let's do both.
[렛츠 두 보우쓰]

둘 다 하자.

> 'Let's + 동사원형' 형태는 '~합시다'라고 제안하거나 의견을 제시할 때 쓰는 문형입니다.
> both (of them) [보우쓰 (어브 뎀)]는 '둘 다'라는 뜻입니다.

Let's do both.
[렛츠 두 보우쓰]

둘 다 하자.

Let's have both.
[렛츠 해브 보우쓰]

둘 다 먹자.

Let's go to both places.
[렛츠 고우 투 보우쓰 플레이시즈]

두 곳 다 가자.

Let's sing both songs.
[렛츠 싱 보우쓰 송스]

두 곡 다 부르자.

Good idea!
[굿 아이디-어]

좋은 생각이야!

Perfect!
[퍼얼픽트]

좋아!

That sounds good!
[댓 사운즈 굿]

그거 좋은데!

I'm up for that!
[아임 업 퍼 댓]

나야 환영이지!

＊ plus tip   셋 이상일 경우에는 all (of them)[어얼 (어브 뎀)]을 사용합니다.

＊ 단어   **both** [보우쓰] 둘 다   **place** [플레이스] 장소   **sing** [싱] 노래하다   **song** [송] 노래
          idea [아이디-어] 생각

단어만 알아도 편해요!

* 외국에 가면 표지판에서 볼 수 있는 말들입니다.

Entrance 입구
[엔트런스]

Exit 출구
[에그짓]

Information 안내소
[인퍼메이션]

Entrance Free 무료 입장
[엔트런스 프리-]

Sold Out 매진
[소울드 아웃]

Restricted Area 통제구역
[리스츠릭티드 에어리어]

Closed Today 당일 휴관
[클로우즈드 터데이]

No Photography Allowed 사진촬영 금지
[노우 퍼타그러피 얼라우드]

이런 표현도 있어요!

Q. 묻는 표현	A. 답하는 표현
● 관광안내소가 어디에 있죠? **Where is the tourist information center?** [웨어 이즈 더 투어리스트 인퍼메이션 센터]	쭉 가셔서 좌회전 하세요. **Go straight and turn left.** [고우 스트레잇 앤드 터언 레프트] 좀 먼데요. 버스를 타는 게 낫겠네요. **It's far from here. You'd better take a bus.** [잇츠 파- 프럼 히어 유드 베터 테이크 어 버스]
● 이곳의 관광안내서를 주시겠어요? **Do you have any brochures on here?** [두 유 해브 애니 브로우슈어즈 언 히어]	여기 있습니다. **Here you are.** [히어 유 아-]

※ 단어   **tourist** [투어리스트] 관광객   **information** [인퍼메이션] 정보   **center** [센터] 종합시설
turn [터언] 돌다   **left** [레프트] 왼쪽(의)   **far** [파-] 먼   **brochure** [브로우슈어] (안내, 광고용) 책자

2 관광안내소

INFORMATION

직원 단체 관광 어떠세요?

How about a group tour?
[하우 어바웃 어 그루웁 투어]

이선희 그것 재미있을 것 같군요.

That sounds like fun.
[댓 사운즈 라이크 펀]

이서준 얼마나 걸리나요?

How long are they?
[하우 러엉 아- 데이]

직원 저희는 반나절투어와 종일투어가 있습니다.

We have half-day tours and full-day tours.
[위 해브 하프 데이 투어스 앤드 풀 데이 투어스]

이서준 네. 반나절투어는 어디에 가나요?

Okay. Where does the half-day tour go?
[오우케이 웨어 더즈 더 하프 데이 투어 고우]

직원 반나절투어는 엠파이어 스테이트 빌딩, 타임스퀘어와 센트럴파크에 갑니다.

The half-day tour goes to the *Empire State Building, *Times Square and Central Park.
[더 하프 데이 투어 고우즈 투 디 엠파이어 스테잇 빌딩 타임스 스퀘어 앤드 센트럴 파알크]

이서준 완벽하군.

Perfect.
[퍼얼픽트]

---

* Empire State Building : 엠파이어 스테이트 빌딩(102층의 고층 건물로, 뉴욕에서 유명한 고층 빌딩 중 한 곳)
* Times Square : 타임스퀘어(뉴욕 중앙부에 있는 광장으로, 근처에는 브로드웨이와 유명 브랜드 숍이 많은 유명한 관광지)

✳ 단어   group tour [그루웁 투어] 단체 관광   fun [펀] 재미있는

15 | How long are they?

[하우 러엉 아– 데이]

(그것들은) 얼마나 걸리나요?

'long'은 '길이'는 물론 '걸리는 시간'에 대해서도 물어볼 수 있습니다. 그래서 'How long~?'은 시간이나 거리, 길이가 얼마나 되는지 물어볼 수 있는 표현이 됩니다.

 기본 패턴 익히기

How long are they?
[하우 러엉 아– 데이]

그것들은 얼마나 걸리나요?

How long is the course?
[하우 러엉 이즈 더 커얼스]

그 과정은 얼마나 걸리나요?

How long is it to Manhattan?
[하우 러엉 이즈 잇 투 맨해튼]

맨해튼까지 얼마나 걸리나요?

How long is the rope?
[하우 러엉 이즈 더 로웁]

끈이 얼마나 긴가요?

We have half-day tours and full-day tours.
[위 해브 하프 데이 투어스 앤드 풀 데이 투어스]

반나절투어와 종일투어가 있습니다.

It's a six months course.
[잇츠 어 식스 먼쓰즈 커얼스]

6개월 과정입니다.

It takes about 30 minutes.
[잇 테익스 어바웃 써얼티 미니츠]

30분 정도 걸립니다.

It is 60 cm long.
[잇 이즈 식스티 센티미터즈 러엉]

60cm입니다.

✳ 단어 **course** [커얼스] 과정, 수업 **Manhattan** [맨해튼] 맨해튼 **rope** [로웁] 끈
half-day [하프 데이] 반나절 **full-day** [풀 데이] 종일

44

16

Where does the half-day tour go?

[웨어 더즈 더 하프 데이 투어 고우]

반나절투어는 어디에 가나요?

'**Where do/does/did ~ go?**' 문형은 **목적지를 묻는 표현**입니다.
go 대신 이동을 나타내는 다른 동사를 넣어 표현할 수 있습니다.

Q

Where does the half-day tour **go?**　　반나절투어는 어디에 가나요?
[웨어 더즈 더 하프 데이 투어 고우]

Where does the camp **go?**　　　　　캠프는 어디로 가나요?
[웨어 더즈 더 캠프 고우]

Where does the balloon **go?**　　　　저 풍선은 어디로 가는 걸까?
[웨어 더즈 더 발루운 고우]

Where did you **move?**　　　　　　　어디로 이사 갔어요?
[웨어 디 쥬 무-브]

A

The half-day tour goes to the Empire State Building.
[더 하프 데이 투어 고우즈 투 디 엠파이어 스테잇 빌딩]　반나절투어는 엠파이어 스테이트 빌딩에 갑니다.

It goes to Kanghwa-do.　　　　　　　　강화도로 갑니다.
[잇 고우즈 투 강화도]

It may go over the rainbow.　　　　　　아마도 무지개 저 편으로 가겠지.
[잇 메이 고우 오우버 더 레인보우]

I moved to Busan.　　　　　　　　　　부산으로 이사 갔어요.
[아이 무-브드 투 부산]

✳ **단어**　　**balloon** [발루운] 풍선　**move** [무-브] 이동하다. 이사가다　**may** [메이] 아마 ~할 것이다
　　　　　　over [오우버] ~넘어　**rainbow** [레인보우] 무지개

theater 극장
[씨―어터]

temple 사원
[템플]

zoo 동물원
[주―]

aquarium 수족관
[어퀘어리엄]

performance 공연
[퍼퍼얼먼쓰]

exhibition 전시회
[엑시비션]

festival 축제
[페스티벌]

box office 매표소
[박스 어―피쓰]

Q. 묻는 표현	A. 답하는 표현
● 아이들을 위해 추천할 만한 게 있나요? **What do you recommend for children?** [왓 두 유 레커멘드 퍼 칠드런]	수족관 투어를 추천해 드립니다. **The aquarium tour.** [디 어퀘어리엄 투어]
● 1인당 얼마입니까? **How much is it per person?** [하우 머치 이즈 잇 퍼 퍼얼슨] **What's the rate per person?** [왓츠 더 레이트 퍼 퍼얼슨]	1인당 12달러입니다. **It is \$12 per person.** [잇 이즈 트웰브 달러즈 퍼 퍼얼슨] **The rate is \$12 per person.** [더 레이트 이즈 트웰브 달러즈 퍼 퍼얼슨]

✱ 단어　　**children** [칠드런] 아이들(child[차일드]의 복수형)　**per** [퍼] ~당, 각 ~　**rate** [레이트] 요금

감사

1 고맙습니다.
Thank you. / Thanks.
[쌩 큐 / 쌩스]

2 정말 감사합니다.
Thank you very much.
[쌩 큐 베리 머치]

3 친절에 감사합니다.
Thank you for your kindness.
[쌩 큐 포 유어 카인드니스]

4 도와 주셔서 고맙습니다.
Thank you for your help.
[쌩 큐 포 유어 헬프]

5 전화해 주셔서 고맙습니다.
Thank you for calling.
[쌩 큐 포 콜링]

6 어쨌든 감사합니다.
Thank you anyway.
[쌩 큐 애니웨이]

7 천만에요.
You're welcome. / My pleasure.
[유어 웰컴 / 마이 플레저]

8 별 것 아닙니다.
Not at all.
[닛 앳 올]

Thank you very much.

CHAPTER 05

관광 II
Sightseeing II

UNIT 1 미술관

Did you **like it?** 너는 마음에 들었어?

[디 쥬 라이크 잇]

What kind of **art** is there? 어떤 종류의 예술품이 있어?

[왓 카인드 어브 아알트 이즈 데어]

UNIT 2 뮤지컬

I'm so **excited!** 신나는데!

[아임 소우- 익사이티드]

Where are we **sitting?** 저희 자리가 어디죠?

[웨어 아- 위 시팅]

UNIT

1 미술관

이선희
구겐하임 미술관은 환상적이었어!
The *Guggenheim Museum was fantastic!
[더 구겐하임 뮤지엄 워즈 팬태스틱]

너는 마음에 들었어?
Did you like it?
[디 쥬 라이크 잇]

이서준
괜찮았어. 그 건물이 흥미롭더라고.
It was okay. The building was interesting.
[잇 워즈 오우케이 더 빌딩 워즈 인터레스팅]

이선희
여기 다른 미술관이 있네. 메트(The Met)라고 한데.
Here's another museum. It's called *The Met.
[히어스 어너더 뮤지엄 잇츠 커얼드 더 메트]

이서준
엄청나군! 어떤 종류의 예술품이 있어?
It's enormous! What kind of art is there?
[잇츠 이너얼머스 왓 카인드 어브 아알트 이즈 데어]

이선희
다른 종류들이 많이 있어. 그림들, 조각품들, 의상들……
There are many different kinds – paintings, sculpture, costumes……
[데어 아– 매니 디퍼런트 카인즈 페인팅스 스컬업처 카–스투움스]

* Guggenheim Museum : 뉴욕에 있는 미술관으로, 전시된 예술품 뿐 아니라 특이한 건축물로도 유명.
* The Met : 뉴욕에 있는 미술관으로, 메트로폴리탄 미술관(Metropolitan Museum of Art)을 줄인 이름.
　　　　　영화에도 여러 번 등장할 정도로 유명 명소.

✽ 단어
fantastic [팬태스틱] 환상적인 building [빌딩] 건물 another [어너더] 또 하나
enormous [이너얼머스] 거대한, 엄청난 painting [페인팅] 그림
sculpture [스컬업처] 조각품 costume [카–스투움] 의상

Did you like it?

[디 쥬 라이크 잇]

너는 마음에 들었어?

일반동사 의문문의 과거형입니다. 일반동사 의문문은 기본적으로 'do + 주어 + 동사원형~?'
형태인데, 이때 동사가 과거형이기 때문에 **do가 did로 바뀐 것**입니다.

 기본 패턴 익히기

Q

Did you like it?
[디 쥬 라이크 잇]

너는 마음에 들었어?

Did he make it?
[디드 히 메이크 잇]

그가 만들었어?

Did you wash the dishes?
[디 쥬 워쉬 더 디쉬즈]

네가 설거지했어?

Did she go to church?
[디드 쉬 고우 투 처얼치]

그녀는 교회에 갔어?

 A

It was okay.
[잇 워즈 오우케이]

괜찮았어.

No, his wife did.
[노우 히즈 와이프 디드]

아니, 그의 부인이 했어.

Yes, I did.
[예스 아이 디드]

그래, 내가 했어.

Yes, she did.
[예스 쉬 디드]

그래, 갔어.

✱ plus tip 이 문장의 평서문은 'You liked it.'입니다. 참고로 주어가 3인칭 단수 현재형이면 do는
does가 됩니다.

✱ 단어 wash the dish [워쉬 더 디쉬] 설거지하다 church [처얼치] 교회 wife [와이프] 부인

18 What kind of art is there.

[왓 카인드 어브 아알트 이즈 데어]

어떤 종류의 예술품이 있어?

'What kind of + 명사 + is there?'는 **'어떤 종류의 ～가 있나요?'**라는 뜻의 문형입니다.
kind는 '종류'라는 뜻의 명사입니다. 이 문형에서 명사가 복수형이면 'What kinds of ～ are there?'
가 됩니다.

What kind of art is there?
[왓 카인드 어브 아알트 이즈 데어]

어떤 종류의 예술품이 있어?

What kind of food is there?
[왓 카인드 어브 푸ー드 이즈 데어]

어떤 종류의 음식이 있어?

What kinds of books are there?
[왓 카인즈 어브 북스 아ー 데어]

어떤 종류의 책들이 있어?

What kinds of flowers are there?
[왓 카인즈 어브 플라워스 아ー 데어]

어떤 종류의 꽃들이 있어?

There are many different kinds.
[데어 아ー 매니 디퍼런트 카인즈]

다양한 종류가 있어.

Mostly Indian food.
[모우스틀리 인디언 푸ー드]

주로 인도 음식을 해.

There are novels, poetry books, comics and so on.
[데어 아ー 나벌스 포우터리 북스 카믹스 앤드 소우ー 언]

소설, 시집, 만화 등이 있어.

There are roses, lilies and tulips.
[데어 아ー 로우지즈 릴리즈 앤드 튜울립스]

장미, 백합 그리고 튤립이 있어.

✱ 단어   art [아알트] 예술, 미술   different [디퍼런트] 다른   mostly [모우스틀리] 주로   Indian [인디언]
인도의   poetry [포우터리] 시   comic [카믹] 만화   and so on [앤드 소우ー 언] 기타 등등
rose [로우즈] 장미   lily [릴리] 백합   tulip [튜울립] 튤립

단어만 알아도 편해요!

headset 헤드셋
[헤드셋]

map 지도
[맵]

brochure 안내 책자
[브로우슈어]

poster 포스터
[포우스터]

pamphlet 팸플릿
[팸플럿]

belonging 소유물
[비러엉잉]

interpretation 통역
[인터프리테이션]

artist 예술가
[아일티스트]

Q. 묻는 표현	A. 답하는 표현

● 한국어로 된 팸플릿 있어요?

Do you have pamphlets in Korean?
[두 유 해브 팸플럿츠 인 커라-언]

여기 있습니다.

Here you are.
[히어 유 아-]

죄송합니다. 일본어와 중국어 팸플릿만 있습니다.

I'm sorry. We just have pamphlets in Japanese and Chinese.
[아임 서-리 위 저스트 해브 팸플럿츠 인 재퍼니-즈 앤드 차이니-즈]

● 언제 개관해요?

When is it open?
[웬 이즈 잇 오우펀]

10시부터 5시까지입니다.

It's open from 10 to 5.
[잇츠 오우펀 프럼 텐 투 파이브]

✳ 단어　　**Korean** [커라-언] 한국의, 한국어　**Japanese** [재퍼니-즈] 일본의, 일본어의　**Chinese** [차이니-즈] 중국의, 중국어의

52

UNIT

2 뮤지컬

이선희	마제스틱 극장이야. 신나는데!

There's the Majestic Theatre. I'm so excited!
[데어즈 더 머제스틱 씨-어터 아임 소우- 익사이티드]

좌석안내원	안녕하세요. 표 좀 주세요.

Good evening. Tickets please.
[굿 이-브닝 티킷츠 플리-즈]

이서준	저희 자리가 어디죠?

Where are we sitting?
[웨어 아- 위 시팅]

좌석안내원	손님 좌석은 G열, 13번과 14번 좌석입니다.

You are sitting in row G, seats 13 and 14.
[유 아- 시팅 인 로우 쥐- 시-츠 써얼틴 앤드 퍼얼틴]

이선희	좋은 자리인가요?

Are those good seats?
[아- 도우즈 굿 시-츠]

좌석안내원	네, 훌륭한 자리죠. 좋은 관람 되세요!

Yes, those are excellent seats. Enjoy the show!
[예스 도우즈 아- 엑설런트 시-츠 인조이 더 쇼우]

✱ 단어   majestic [머제스틱] 장엄한   theatre [씨-어터] 극장, 공연장(= theater [씨-어터])
excellent [엑셀런트] 훌륭한   show [쇼우] 쇼, 공연

I'm so excited!
[아임 소우- 익사이티드]

신나는데!

excited는 '신이 난'이라는 뜻의 형용사입니다. 감정을 표현할 때는 'be동사 + 감정을 나타내는 형용사'를 쓰는데, 이때 형용사는 '-ed' 형태가 됩니다. so는 감정의 상태를 강조합니다.

I'm so excited!
[아임 소우- 익사이티드]

신나는데!

I'm so surprised!
[아임 소우- 서프라이즈드]

깜짝 놀랐어!

I'm so impressed!
[아임 소우- 임프레스트]

감동받았어!

I'm so disappointed!
[아임 소우- 디서퍼인티드]

실망했어!

So am I.
[소우- 앰 아이]

나도 그래.

I totally agree.
[아이 터틀리 어그리-]

나도 그래.

I'm pleased to hear that.
[아임 플라-즈드 투 히어 댓]

그 말을 들으니 나도 기쁘네.

Yeah, it wasn't very good.
[예어 잇 워즌트 베리 굿]

그래, 별로 좋지 않았어.

☀ 단어   excited [익사이티드] 신이 난, 들뜬 surprised [서프라이즈드] 놀란 impressed [임프레스트] 감동받은
disappointed [디서퍼인티드] 실망한 pleased [플라-즈드] 기쁜

Where are we sitting?

[웨어 아- 위 시팅]

저희 자리가 어디죠?

'어디'라는 뜻의 의문사 **where**와 현재진행형(be동사 + 동사의 ing형)을 사용하여 '**어디서 ~할까요?**'라는 뜻이 됩니다. 현재진행형은 보통 현재 진행 중인 동작을 표현하지만, 가까운 미래를 나타낼 수도 있습니다.

Q

Where are we sitting?   저희 자리가 어디죠?
[웨어 아- 위 시팅]

Where are we eating?   우리 어디서 먹을까?
[웨어 아- 위 이-팅]

Where am I going?   제가 어디로 갈까요?
[웨어 엠 아이 고우잉]

Where am I watching it?   제가 어디서 볼까요?
[웨어 앰 아이 왓칭 잇]

A

You are sitting in row G, seats 13 and 14.   G열 13번과 14번에 앉으세요.
[유 아- 시팅 인 로우 쥐- 시잇츠 써얼틴 앤드 퍼얼틴]

How about the family restaurant over there?   저기 있는 패밀리 레스토랑은 어때?
[하우 어바웃 더 패멀리 레스터런트 오우버 데어]

You are going to the library.   도서관으로 가세요.
[유 아- 고우잉 투 더 라이브레리]

In the living room. [인 더 리빙 루움]   거실에서요.

＊ plus tip   'Where are we ~?'로 질문했을 때 일행이 아닌 사람이 대답할 경우 'You are ~'로, 일행 중 대답할 경우 'We are ~'로 말합니다. 'Where am I ~?'로 질문했을 때는 'You are ~'로 대답합니다.

＊ 단어   **watch** [왓치] 보다   **row** [로우] 열, 줄   **seat** [시잇] 좌석   **over there** [오우버 데어] 바로 저기
library [라이브레리] 도서관   **living room** [리빙 루움] 거실

유용한 표현 더 배워보기

단어만 알아도 편해요!

reserved seat 지정석
[리저얼브드 시잇]

seating chart 좌석 안내도
[시-팅 차알트]

popular 인기 있는
[파퓰러]

audition 오디션
[어-디션]

perform 공연하다
[퍼퍼엄]

broadway 브로드웨이(뉴욕 타임스퀘어 주변에
[브러-드웨이] 있는 극장가)

starring role 주역
[스타-링 로울]

long-running 장기간 계속되어 온
[러엉 러닝]

 이런 표현도 있어요!

Q. 묻는 표현	A. 답하는 표현
● 뮤지컬은 몇 시죠? **What time does the musical start?** [왓 타임 더즈 더 뮤-지컬 스타알트]	7시 30분에 시작합니다. **It starts at 7:30.** [잇 스타알츠 앳 세븐 써얼티]
● 뮤지컬은 얼마나 하죠? **How long is the musical?** [하우 러엉 이즈 더 뮤-지컬]	약 세 시간 정도이고 20분의 쉬는 시간이 있습니다. **It is about 3 hours with a 20 minute intermission.** [잇 이즈 어바웃 쓰리- 아워즈 위드 어 트웨니 미닛 인터미션]

✳ **단어**　　musical [뮤-지컬] 뮤지컬　intermission [인터미션] 중간 휴식 시간

1 실례합니다.
Excuse me.
[익스큐즈 미]

2 미안합니다.
I'm sorry.
[아임 서-리]

3 정말 죄송합니다.
I'm so sorry.
[아임 소우 서-리]

4 늦어서 죄송합니다.
I'm sorry I'm late.
[아임 서-리 아임 레이트]

5 불편을 끼쳐 드려 죄송합니다.
I'm sorry to trouble you.
[아임 서-리 투 트러블 유]

6 제 잘못입니다.
It's my fault.
[잇츠 마이 폴트]

7 괜찮습니다.
That's all right.
[댓츠 올 라잇]

8 괜찮습니다.
Not at all. / It's OK.
[낫 앳 올 / 잇츠 오케이]

I'm sorry. It's my fault.

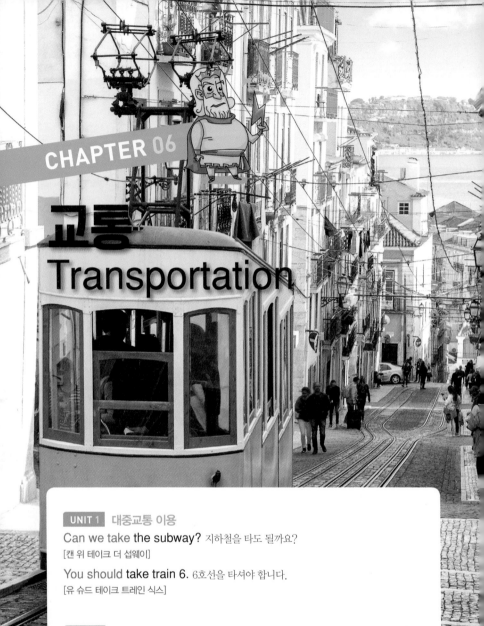

CHAPTER 06

교통
Transportation

UNIT 1 대중교통 이용

Can we take **the subway?** 지하철을 타도 될까요?
[캔 위 테이크 더 섭웨이]

You should **take train 6.** 6호선을 타셔야 합니다.
[유 슈드 테이크 트레인 식스]

UNIT 2 잘못 탔을 때

Is this **the bus to Coney Island?** 코니아일랜드행 버스인가요?
[이즈 디스 더 버스 투 코우니 아일랜드]

Can you help **us get to Coney Island?** 코니아일랜드까지 가는데 도와주시겠어요?
[캔 유 헬프 어스 겟 투 코우니 아일랜드]

이선희   지하철을 타도 될까?

Can we take the subway?

[캔 위 테이크 더 섭웨이]

이서준   그럴 것 같아.

I think so.

[아이 씽크 소우―]

실례합니다. 그리니치 빌리지에 가려면 몇 호선을 타야 하나요?

Excuse me? Which train goes to *Greenwich Village?

[익스큐―즈 미 위치 트레인 고우즈 투 그레니치 빌리쥐]

역무원   6호선을 타셔야 합니다. 진녹색 라인입니다.

You should take train 6. It's the dark green line.

[유 슈드 테이크 트레인 식스 잇츠 더 다알크 그리인 라인]

이서준   알겠습니다. 6호선을 타는 군요.

Okay. Get on train 6.

[오우케이 겟 언 트레인 식스]

역무원   네. 그런 다음 51번가 역에서 내리세요.

Yeah. Then get off at the 51st Street Station.

[예어 덴 겟 어프 앳 더 피프티 퍼얼스트 스트리―트 스테이션]

이서준   감사합니다!

Thank you!

[쌩 큐]

* Greenwich Village : 그리니치 빌리지(뉴욕에 있는 예술가와 작가가 많은 주택 지구)

✳ 단어   **excuse me** [익스큐―즈 미―] 실례합니다, 저기요   **dark green** [다알크 그리인] 짙은 녹색
         get on [겟 언] ~에 타다   **get off** [겟 어프] (차에서) 내리다

21

Can we take the subway?

[캔 위 테이크 더 섭웨이]

지하철을 타도 될까요?

'Can we take~?'는 '우리가 ~을 타도 될까요?'라는 의미로 허락을 구하거나 가능 여부를 묻는 표현입니다.

동사 take는 '타다' 외에 '(사진을) 찍다', '(음식을) 먹다' 등 목적어에 따라 다양한 의미로 쓰일 수 있습니다.

 기본 패턴 익히기

 Q

Can we take the subway?

[캔 위 테이크 더 섭웨이]

지하철을 타도 될까요?

Can we take a taxi?

[캔 위 테이크 어 택시]

택시를 타도 될까요?

Can I take a picture?

[캔 아이 테이크 어 픽처]

사진을 찍어도 될까요?

Can I take the medicine?

[캔 아이 테이크 더 메더신]

약을 먹어도 될까요?

A

I think so.
[아이 씽크 소우-]

그럴 것 같은데요.

Yeah, no problem at all.
[예어 노우 프라블럼 앳 어얼]

네, 그럼요.

No, you can't.
[노우 유 캔트]

아니요, 안 되는데요.

Yes, you can.
[예스 유 캔]

네, 그렇게 하세요.

✻ 단어　　**subway** [섭웨이] 지하철　**taxi** [택시] 택시　**picture** [픽처] 사진　**medicine** [메더신] 약
at all [앳 어얼] 전혀, 조금도

60

22

You should take train 6.

[유 슈드 테이크 트레인 식스]

6호선을 타셔야 합니다.

'**You should ~**'는 '(당신은) **~해야 합니다**'라는 뜻입니다.
should는 '~해야 한다'라는 충고의 의미를 가진 조동사로, should 다음에는 동사원형이 나옵니다.

 기본 패턴 익히기

Which train goes to Greenwich Village?
[위치 트레인 고우즈 투 그레니치 빌리쥐]

몇 호선이 그리니치 빌리지로 가나요?

Which bus should I take?
[위치 버스 슈드 아이 테이크]

어떤 버스를 타야 하나요?

What should I do next?
[왓 슈드 아이 두 넥스트]

다음에는 무엇을 해야 하나요?

Where should I go tomorrow?
[웨어 슈드 아이 고우 터마-러우]

내일 어디로 가야 하나요?

You should take train 6.
[유 슈드 테이크 트레인 식스]

6호선을 타셔야 합니다.

You should take the airport bus.
[유 슈드 테이크 디 에어퍼얼트 버스]

공항버스를 타셔야 합니다.

You should find your tour group.
[유 슈드 파인드 유어 투어 그루웁]

당신의 여행 일행을 찾아야 합니다.

You should go back to Korea.
[유 슈드 고우 백 투 커리-어]

한국으로 돌아가셔야 합니다.

＊ plus tip   '~해야 한다'는 뜻으로 must[머스트], have to[해브 투]도 있는데, should보다 강한 의무의 표현입니다.

＊ 단어   train [트레인] 열차, 기차 airport bus [에어퍼얼트 버스] 공항버스 go back [고우 백] 돌아가다

단어만 알아도 편해요!

platform 승강장
[플랫퍼엄]

subway timetable 지하철 시간표
[섭웨이 타임테이블]

bus stop 버스 정류장
[버스 스탑]

bus fare 버스 요금
[버스 페어]

bus route 버스 노선
[버스 루웃]

one-way ticket 편도표
[원 웨이 티킷]

round-trip ticket 왕복표
[라운드 트립 티킷]

a 30-day pass 30일권
[어 써얼티 데이 패스]

이런 표현도 있어요!

Q. 묻는 표현	A. 답하는 표현
● 가장 가까운 버스 정류장이 어디입니까? **Where is the nearest bus stop?** [웨어 이즈 더 니어리스트 버스 스탑]	5분만 쭉 가세요. **Go straight for 5 minutes.** [고우 스트레잇 퍼 파이브 미닛츠] 왼쪽으로 돌면 볼 수 있습니다. **Turn left and you can see.** [터언 레프트 앤드 유 캔 사-]
● 거기에 어떻게 갈 수 있죠? **How do I get there?** [하우 두 아이 겟 데어]	버스정류장에 가서, M59번 버스를 타세요. **After you get to the bus stop,** **take bus M59.** [애프터 유 겟 투 더 버스 스탑 테이크 버스 엠 피프티나인]

✳ 단어　　**nearest** [니어리스트] 가장 가까운

UNIT

2 잘못 탔을 때

이선희	코니 아일랜드인가?

Is this Coney Island?

[이즈 디스 코우니 아일랜드]

이서준	음, 해변이 보이지 않는데.

Well, I don't see the beach.

[웰 아이 도운트 시- 더 비-치]

이선희	길을 잃은 거 같은데요.

I think we're lost.

[아이 씽크 위어 라-스트]

실례합니다. 코니 아일랜드행 버스인가요?

Pardon me. **Is this the bus to Coney Island?**

[파-든 미- 이즈 디스 더 버스 투 코우니 아일랜드]

버스기사	아니요. 코니 아일랜드행 버스는 B36번입니다. 이것은 Q36번이고요.

Nope. The Coney Island bus is B36. This is bus Q36.

[노웁 더 코우니 아일랜드 버스 이즈 비- 써얼티식스 디스 이즈 버스 큐- 써얼티식스]

이선희	우리가 실수했군요.

We made a mistake.

[위 메이드 어 미스테이크]

코니 아일랜드까지 가는데 도와주시겠어요?

Can you help us get to Coney Island?

[캔 유 헬프 어스 겟 투 코우니 아일랜드]

버스기사	물론이죠. 걱정하지 마세요.

Sure. Don't worry.

[슈어 도운트 워-리]

❋ 단어   **beach** [비-치] 해변   **pardon me** [파-든 미-] 미안해요, 죄송합니다   **nope** [노웁] 아니, 아니오 (no보다 격식 없이 쓰는 표현)   **make a mistake** [메이크 어 미스테이크] 실수하다

23 Is this the bus to Coney Island?

[이즈 디스 더 버스 투 코우니 아일랜드]

코니 아일랜드행 버스인가요?

직역하면 '이것은 코니 아일랜드로 향하는 버스인가요?'라는 의미입니다.
'Is this + 교통수단 + to + 목적지?' 형태로 여행지에서 길을 물을 때 많이 쓰는 표현입니다.

 기본 패턴 익히기

 Q

Is this the bus to Coney Island?
[이즈 디스 더 버스 투 코우니 아일랜드]

코니 아일랜드행 버스인가요?

Is this the bus to Central Park?
[이즈 디스 더 버스 투 센트럴 파알크]

센트럴파크행 버스인가요?

Is this the train to Busan?
[이즈 디스 더 트레인 투 부산]

부산행 열차인가요?

Is this the flight to New York?
[이즈 디스 더 플라잇 투 누-여억]

뉴욕행 비행기인가요?

A

No. The Coney Island bus is B36.
[노우 더 코우니 아일랜드 버스 이즈 비- 써얼티식스]

아니요. 코니 아일랜드 버스는 B36번입니다.

Yes, it is.
[예스 잇 이즈]

네, 그렇습니다.

Yes. It takes 3 hours to get to Busan.
[예스 잇 테이크스 쓰리- 아워즈 투 겟 투 부산]

네. 부산까지 세 시간 걸립니다.

Yes. Please stand in line.
[예스 플리-즈 스탠드 인 라인]

네. 줄을 서 주세요.

✳ 단어　　**get to** [겟 투] ~에 도착하다　**stand in line** [스탠드 인 라인] (일렬로) 줄을 서다

64

24

Can you help us get to Coney Island?

[캔 유 헬프 어스 겟 투 코우니 아일랜드]

코니 아일랜드까지 가는데 도와주시겠어요?

직역하면 '우리가 코니 아일랜드까지 가는 것을 도와줄 수 있습니까?'라는 뜻입니다.
'help + 사람 + (to) 동사원형'는 **'00가 ~하는 것을 돕다'**라는 의미의 문형으로, to는 생략이
가능합니다.

Can you help us get to Coney Island?

[캔 유 헬프 어스 겟 투 코우니 아일랜드]
코니 아일랜드까지 가는데 도와주시겠어요?

Can you help us carry this box?

[캔 유 헬프 어스 캐리 디스 박스]
이 상자 옮기는 것을 도와주시겠어요?

Can you help me pass the exam?

[캔 유 헬프 미 패스 디 이그잼]
시험에 합격하도록 도와주시겠어요?

Can you help me win the game?

[캔 유 헬프 미 윈 더 게임]
시합에 이기도록 도와주시겠어요?

Sure. Don't worry.

[서-리 도운트 워-리]
물론이죠. 걱정 마세요.

Of course. I'll help you.

[어브 커얼스 아일 헬프 유]
물론이죠. 제가 도와드릴게요.

With pleasure.

[위드 플레줘]
기꺼이 그러죠.

Okay. How can I help you?

[오우케이 하우 캔 아이 헬프 유]
네. 어떻게 도와드릴까요?

✱ 단어   **carry** [캐리] 옮기다   **pass** [패스] 합격하다   **exam** [이그잼] 시험   **win** [윈] 이기다
worry [워-리] 걱정하다   **pleasure** [플레줘] 기쁨

단어만 알아도 편해요!

express bus 고속버스
[익스프레스 버스]

double-decker 2층버스
[더블 데커]

short cut 지름길
[쇼올트 컷]

tow truck 견인차
[토우 트럭]

directly 곧장
[디렉틀리]

speed up 속도를 더 내다
[스파-드 업]

toll fee 톨비, 통행료
[토울 파-]

lost-and-found 분실물센터
[라-스트 앤드 파운드]

Q. 묻는 표현	A. 답하는 표현
● 이 지도에서 제가 어디에 있는 거죠? **Where am I on this map?** [웨어 앰 아이 언 디스 맵]	죄송해요. 저도 여기는 초행이에요. **I'm sorry. I'm a stranger here.** [아임 서-리 아임 어 스트레인줘 히어]
● 유니온 스퀘어로 가려면 어떤 출구로 가야 하죠? **What is the exit for *Union Square?** [왓 이즈 디 엑시트 퍼 유니언 스퀘어]	A출구입니다. **Exit A.** [엑시트 에이]

* Union Square : 유니온 스퀘어(미국 샌프란시스코에 있는 유명 관광명소. 뉴욕에도 동명의 광장이 있음)

✳ 단어　　**stranger** [스트레인줘] 낯선 사람

66

표지판
Signs

안내소	**Information**	[인포메이션]
입구	**Entrance**	[엔트런스]
출구	**Exit**	[엑씨트]
비상구	**Emergency exit**	[이머전시 엑씨트]
당기시오	**Pull**	[풀]
미시오	**Push**	[푸시]
사용중	**Occupied**	[어큐파이드]
비었음	**Vacancy**	[베이컨시]
버튼을 누르세요	**Push button**	[푸시 버튼]
예약	**Reserved**	[리저-브드]
금연	**No smoking**	[노우 스모우킹]
멈춤	**Stop**	[스탑]
위험	**Danger**	[데인저]
출입금지	**Keep out / Do not enter**	[킵 아웃 / 두 낫 엔터]
수리중	**Out of order**	[아웃 어브 오더]
관계자 외 출입금지	**No Trespassing**	[노우 트레스패싱]
주차 금지	**No Parking**	[노우 파-킹]
일방통행	**One way**	[원 웨이]
매진	**Sold out**	[솔드 아웃]
개조심	**Beware of the dog**	[비웨어 어브 더 도그]

Stop Signs

잔디에 들어가지 마세요 **Please keep out off the grass**
[플리-즈 킵 아웃 오프 더 그래스]

CHAPTER 07

쇼핑
Shopping

UNIT 1 옷 가게

Are you buying **anything?** 뭐 좀 살래요?
[아- 유 바잉 애니씽]

Where can I buy **a nice men's suit?** 어디서 멋진 남성복을 살 수 있을까요?
[웨어 캔 아이 바이 어 나이스 멘즈 수웃]

UNIT 2 기념품 숍

Look at **all the T-shirts!** 티셔츠들 좀 봐요!
[룩 앳 어얼 더 티- 셔얼츠]

Let's **buy** some for **my parents.** 부모님께 드릴 것 좀 사요.
[렛츠 바이 섬 퍼 마이 페어런츠]

UNIT
1 옷 가게

이선희 뭐 좀 살래요?
Are you buying anything?
[아- 유 바잉 애니씽]

이서준 옷은 필요 없어.
I don't need any clothes.
[아이 도운트 니-드 애니 클로우즈]

이선희 정장을 사요.
Buy a suit.
[바이 어 수웃]

이서준 집에 다섯 벌이나 있잖아.
I have 5 suits at home.
[아이 해브 파이브 수-츠 앳 호움]

이선희 실례합니다.
Excuse me.
[익스큐-즈 마-]

어디서 멋진 남성복을 살 수 있을까요?
Where can I buy a nice men's suit?
[웨어 캔 아이 바이 어 나이스 멘즈 수웃]

판매원 엠포리오에 1,500달러짜리 품격 있는 정장이 좀 있답니다.
Emporio has some elegant $1,500 suits.
[엠포리오 해즈 섬 엘리건트 피프틴 헌드레드 달러즈 수-츠]

25

Are you buying anything?

[아– 유 바잉 애니씽]

뭐 좀 살래요?

'Are you buying~?'은 '~을 살 거예요?'라는 의미의 문형입니다.
뒤에 다양한 사물을 넣어 활용해 보세요.

Q

Are you buying anything?
[아– 유 바잉 애니씽]

뭐 좀 살래요?

Are you buying some water?
[아–유 바잉 섬 워–터]

물 좀 살래요?

Are you buying some snacks?
[아– 유 바잉 섬 스낵스]

간식 좀 살래요?

Are you buying a T-shirt?
[아– 유 바잉 어 티– 셔얼트]

티셔츠 한 장 살래요?

A

I don't need any clothes.
[아이 도운트 나–드 애니 클로우즈]

옷은 필요 없어요.

Yes. I'm thirsty. [예스 아임 써얼스티]

그래요. 목이 마르네요.

I'm buying some cookies.
[아임 바잉 섬 쿠키즈]

쿠키 좀 사려고요.

No. I'm buying a cap.
[노우 아임 바잉 어 캡]

아니요. 야구모자 하나 살래요.

✳ plus tip anything은 '어떤 것, 무언가'라는 의미로, 정해지지 않은 물건을 칭할 때 씁니다.
궁정문일 때는 something을, 부정문이나 의문문에서는 anything을 씁니다.

✳ 단어 **anything** [애니씽] 무언가 **snack** [스낵] 간식 **T-shirt** [티– 셔얼트] 티셔츠 **need** [니–드] 필요하다
clothes [클로우즈] 옷 **thirsty** [써얼스티] 목이 마른 **cap** [캡] 야구모자

26

Where can I buy a nice men's suit?

[웨어 캔 아이 바이 어 나이스 멘즈 수웃]

어디서 멋진 남성복을 살 수 있을까요?

'**Where can we buy~?**'는 '**어디서 ~을 살 수 있을까요?**'라는 뜻의 문형입니다.
상점을 추천 받고 싶을 때나 상점의 위치를 물을 때 쓸 수 있는 표현입니다.

Where can I buy a nice men's suit? 어디서 멋진 남성복을 살 수 있을까요?

[웨어 캔 아이 바이 어 나이스 멘즈 수웃]

Where can I buy a ticket? 어디서 표를 살 수 있을까요?

[웨어 캔 아이 바이 어 티킷]

Where can I buy some souvenirs? 어디서 기념품을 좀 살 수 있을까요?

[웨어 캔 아이 바이 섬 수-버니어스]

Where can I buy some drinks? 어디서 음료수를 좀 살 수 있을까요?

[웨어 캔 아이 바이 섬 드링크스]

Emporio has some elegant $1,500 suits.

[엠포리오 해즈 섬 엘리건트 피프틴 헌드레드 달러즈 수-츠] 엠포리오에 1,500달러짜리 품격 있는 정장이 좀 있답니다.

You can buy a ticket at the information desk. 안내창구에서 표를 살 수 있어요.

[유 캔 바이 어 티킷 앳 디 인퍼메이션 데스크]

There is a souvenir shop on 5th Avenue. 5번가에 기념품 가게가 있어요.

[데어 이즈 어 수-버니어 샵 언 피프쓰 애버뉴-]

There is a convenience store on the 1st floor. 1층에 편의점이 있어요.

[데어 이즈 어 컨비-니언스 스토어 언 더 퍼얼스트 플러-]

✳ 단어 nice [나이스] 멋진 suit [수웃] 정장 souvenir [수-버니어] 기념품
elegant [엘리건트] 우아한, 품격 있는 information desk [인퍼메이션 데스크] 안내창구
avenue [애버뉴-] 대로, ~가 convenience store [컨비-니언스 스토어] 편의점

 단어만 알아도 편해요!

fitting room 탈의실
[피팅 루움]

skirt 치마
[스커얼트]

dress 원피스
[드레스]

jacket 재킷, 상의
[재킷]

jumper 점퍼
[점퍼]

pullover 풀오버(앞이 트여 있지 않은 스웨터)
[풀오우버]

turtleneck 터틀넥(긴 목 부분을 접어서 입는 스웨터)
[터-틀넥]

scarf 스카프
[스카알프]

 이런 표현도 있어요!

Q. 묻는 표현	A. 답하는 표현
● 무엇을 도와드릴까요? **May I help you?** [메이 아이 헬프 유]	괜찮아요. 그냥 둘러보고 있어요. **No thanks. I'm just looking around.** [노우 쌩스 아임 저스트 루킹 어라운드]
● 이거 입어 봐도 되요? **Can I try this on?** [캔 아이 트라이 디스 언]	물론이죠. 탈의실은 여기입니다. **Sure. The fitting room is over here.** [슈어 더 피팅 루움 이즈 오우버 히어] 아니요. 흰색 티셔츠는 입어 보실 수 없습니다. **No. You can't try on white T-shirts.** [노우 유 캔트 트라이 언 화이트 티- 셔얼츠]

❋ 단어　　just [저스트] 그저, 단지　look around [룩 어라운드] 둘러보다　try on [트라이 언] 입어 보다
white [화이트] 흰

72

UNIT

2 기념품 숍

이서준　　티셔츠들 좀 봐!
Look at all the T-shirts!
[룩 앳 어얼 더 티– 셔얼츠]

한 벌당 거우 10달러래.
They're only $10 each.
[데어 오운리 텐 달러즈 아–치]

이선희　　부모님께 드릴 것 좀 사요.
Let's buy some for my parents.
[렛츠 바이 섬 퍼 마이 페어런츠]

이서준　　머그잔도 좀 삽시다.　　친구들에게 줄 수 있으니.
Buy some mugs too. We can give them to our friends.
[바이 섬 머그스 투–]　　　　[위 캔 기브 뎀 투 아워 프렌즈]

이선희　　당신은 기념품 어때요?
Do you want a souvenir?
[두 유 원트 어 수–버니어]

이서준　　흠…… 난 야구를 좋아하니까.　　뉴욕 양키스 모자를 살 거요.
Hmm…… I like baseball. I'll get a *N.Y. Yankees cap.
[흠 아이 라이크 베이스버얼]　　　　[아일 겟 어 누–여억 앵키즈 캡]

* **N.Y. Yankees** : 뉴욕 양키스(미국 프로야구 메이저리그에서 아메리칸리그 동부지구에 속한 구단으로 뉴욕주 뉴욕을 연고지로 함)

✱ 단어　　**each** [아–치] 각 ~　　**mug** [머그] 머그잔(손잡이가 있고 받침접시가 없는 큰 컵)
　　　　　　baseball [베이스버얼] 야구

27

Look at all the T-shirts!
[룩 앳 어얼 더 타– 셔얼츠]

티셔츠들 좀 봐요!

'look at'은 '~을 보다'라는 뜻의 숙어입니다. 여기서 **at** 뒤에는 목표물이나 행동의 대상이 나옵니다.
이 문형은 주어 없이 동사원형으로 시작하는 명령문입니다.

  기본 패턴 익히기

Q

Look at all the T-shirts!
[룩 앳 어얼 더 타– 셔얼츠]

티셔츠들 좀 봐요!

Look at the blue sky!
[룩 앳 더 블루– 스카이]

푸른 하늘 좀 봐요!

Look at the cute boy!
[룩 앳 더 큐–트 버이]

저 귀여운 소년 좀 봐요!

Look at me!
[룩 앳 미–]

날 좀 봐요!

A

They are so cheap. [데이 아– 소우– 치입]

정말 싸군요.

It's very beautiful. [잇츠 베리 뷰터펄]

매우 아름답네요.

Where? I can't see him.
[웨어 아이 캔트 시– 힘]

어디요? 난 안 보이는데.

Sorry. Did you say something?
[서–리 디 쥬 세이 섬씽]

미안해요. 뭔가 말했나요?

✳ plus tip　공손한 표현을 할 때에는 명령문 맨 앞이나 맨 뒤에 '제발, 부디'라는 의미의 please[플리–즈]를
　추가합니다.

✳ 단어　**look at** [룩 앳] ~을 보다　**cute** [큐–트] 귀여운　**cheap** [치입] 값이 싼

28

Let's buy some for my parents.

[렛츠 바이 섬 퍼 마이 페어런츠]

부모님께 드릴 것 좀 사요.

> **'Let's + 동사 + some for + 대상'**은 '○○에게 줄 것을 좀 ~합시다'라는 뜻의 문형입니다.
> for는 '~을 위해'라는 의미의 전치사로, 여기서는 '~에게 줄'이라는 뜻으로 해석할 수 있습니다.

 기본 패턴 익히기

Q

Let's buy some for **my parents.**
[렛츠 바이 섬 퍼 마이 페어런츠]

부모님께 드릴 것 좀 사요.

Let's buy some for **my friends.**
[렛츠 바이 섬 퍼 마이 프렌즈]

친구들에게 줄 것 좀 사요.

Let's cook some for **my friends.**
[렛츠 쿡 섬 퍼 마이 프렌즈]

친구들에게 줄 것 좀 요리해요.

Let's make some for **Lucy.**
[렛츠 메이크 섬 퍼 루시]

루시에게 줄 것 좀 만들어요.

A

What color?
[왓 컬러]

무슨 색깔로요?

How about souvenirs?
[하우 어바웃 수-버니어스]

기념품 어때요?

We don't have time.
[위 도운트 해브 타임]

우린 시간이 없는데요.

What kind?
[왓 카인드]

어떤 종류로요?

✳ 단어   **parents** [페어런츠] 부모   **friend** [프렌드] 친구   **cook** [쿡] 요리하다
color [컬러] 색깔   **souvenir** [수-버니어] 기념품

Chapter **07** 쇼핑   **75**

단어만 알아도 편해요!

key chain 열쇠고리
[키- 체인]

magnet 자석
[맥넛]

ornament 장식품
[어-너먼트]

postcard 엽서
[포우스트카알드]

tray 쟁반
[트레이]

coaster 컵받침
[코우스터]

photo frame 액자
[포우토우 프레임]

kitchenware 주방용품
[키친웨어]

이런 표현도 있어요!

Q. 묻는 표현	A. 답하는 표현
● 이거 얼마예요? **How much does this cost?** [하우 머치 더즈 디스 카-스트]	그건 15달러입니다. **That's $15.** [댓츠 피프틴 달러즈]
● 깎아 줄 수 있어요? **Can you give a discount?** [캔 유 기브 어 디스카운트]	죄송합니다만, 그것은 최종 가격입니다. **Sorry, that's the final price.** [서-리 댓츠 더 파이늘 프라이스] 한 개 더 사시면 깎아 드릴게요. **If you buy one more, I can give you a discount.** [이프 유 바이 원 모어 아이 캔 기브 유 어 디스카운트]

✱ 단어　　**give a discount** [기브 어 디스카운트] 할인하다　**final** [파이늘] 마지막의　**price** [프라이스] 가격

76

말을 걸 때

1 실례하겠습니다.

Excuse me. / Hello.

[익스큐즈 미 / 헬로우]

2 부탁 하나 들어 주시겠어요?

Could you do me a favor?

[쿠쥬 두 미 어 페이버]

could you give me a hand?

3 도와주시겠어요?

Could you give me a hand?

[쿠쥬 기브 미 어 핸드]

4 실례지만 시청 가는 길을 가르쳐 주시겠어요?

Excuse me, could you tell me the way to City Hall?

[익스큐즈 미 쿠쥬 텔미 더 웨이 투 시티 홀]

5 실례지만 좀 지나가겠습니다.

Excuse me, let me pass, please.

[익스큐즈 미 렛 미 패스 플리-즈]

6 실례지만 빈자리입니까?

Excuse me, is this seat taken?

[익스큐즈 미 이즈 디스 시잇 테이큰]

7 실례지만 빈 택시입니까?

Excuse me, are you for hire?

[익스큐즈 미 아 유 포 하이어]

8 실례지만 여기에서 담배를 피워도 됩니까?

Excuse me, can I smoke here?

[익스큐즈 미 캔 아이 스모우크 히어]

CHAPTER 08

교제
Making Friends

UNIT 1 인사 및 소개

This is **my boyfriend David.** 이쪽은 제 남자 친구 데이비드예요.
[디스 이즈 마이 버이프렌드 데이빗]

So what do **you** do David? 그럼 데이비드는 직업이 뭐예요?
[소우- 왓 두 유 두 데이빗]

UNIT 2 파티

Have you tried **Korean food?** 한국 요리 먹어 봤어요?
[해브 유 트라이드 커리-언 푸-드]

I'll make you **a delicious Korean meal!** 제가 맛있는 한국 음식을 만들어 드릴게요!
[아일 메이크 유 어 딜리셔스 커리-언 미일]

UNIT

1 인사 및 소개

혜나
이쪽은 제 남자 친구 데이비드예요.
This is my boyfriend David.
[디스 이즈 마이 버이프렌드 데이빗]

데이비드
만나 뵙게 되어 반갑습니다!
Great to meet you!
[그레잇 투 미잇 유]

이선희
저도 만나서 반가워요. 이 도시가 참 마음에 드네요!
Nice to meet you too. We love your city!
[나이스 투 미잇 유 투– 위 러브 유어 시티]

이서준
그럼 데이비드는 직업이 뭐예요?
So what do you do David?
[소우– 왓 두 유 두 데이빗]

데이비드
저는 사진 촬영 스튜디오를 운영하고 있어요.
I manage a photography studio.
[아이 매니쥐 어 퍼타그러피 스튜–디오우]

이서준
오, 저도 사진 촬영을 좋아해요.
Wow, I love photography too.
[와우 아이 러브 퍼타그러피 투–]

✻ 단어   **mom** [맘] 엄마(비격식어)   **dad** [대드] 아빠(비격식어)   **love** [러브] 사랑하다, 좋아하다
city [시티] 도시

29

This is my boyfriend David.

[디스 이즈 마이 버이프렌드 데이빗]

이쪽은 제 남자 친구 데이비드예요.

사람을 소개할 때는 'He is'나 'She is'라고 하지 않고, **'This is ~'**라고 합니다.
또 전화 통화에서 자신을 밝힐 때에도 'I am'이라고 하지 않고 'This is ~'라고 해야 합니다.

This is my boyfriend David.
[디스 이즈 마이 버이프렌드 데이빗]

이쪽은 제 남자 친구 데이비드예요.

This is my son.
[디스 이즈 마이 선]

이쪽은 제 아들이에요.

This is my family.
[디스 이즈 마이 패멀리]

이쪽은 제 가족이에요.

This is my boss, Mr. Roberts.
[디스 이즈 마이 보-스 미스터 로버얼츠]

이쪽은 제 상사인 로버츠 씨입니다.

Great to meet you!
[그레잇 투 미잇 유]

만나서 반가워요!

Nice to meet you!
[나이스 투 미잇 유]

만나서 반가워요!

It's nice to see you!
[잇츠 나이스 투 사- 유]

만나서 반갑습니다!

I've heard a lot about you.
[아이브 허얼드 어 랏 어바웃 유]

말씀 많이 들었습니다.

※ 단어 boyfriend [버이프렌드] 남자 친구   son [선] 아들   family [패멀리] 가족
boss [보-스] 상사, 상관   heard [허얼드] 들었다(hear(듣다)의 과거, 과거분사형)

80

30

So what do you do David?

[소우– 왓 두 유 두 데이빗]

그럼 데이비드는 직업이 뭐예요?

'**What do you do?**'는 직역하면 '당신은 무엇을 합니까?'라는 의미로, **직업을 물어보는 표현입**니다.

What do you do?

[왓 두 유 두]

당신의 직업은 뭔가요?

What does he do?

[왓 더즈 히 두]

그의 직업은 뭔가요?

What does your husband do?

[왓 더즈 유어 허즈번드 두]

남편의 직업은 뭔가요?

What does Mina do?

[왓 더즈 미나 두]

미나의 직업은 뭔가요?

I manage a photography studio.
[아이 매니쥐 어 퍼타그러피 스튜–디오우]

사진 촬영 스튜디오를 운영하고 있습니다.

He works for a bank.
[히 워얼크스 퍼 어 뱅크]

은행에서 일합니다.

He is a computer programmer.
[히 이즈 어 컴퓨터 프로우그래머]

컴퓨터 프로그래머입니다.

She runs a flower shop.
[쉬 런스 어 플라우어 샵]

꽃집을 경영하고 있습니다.

✳ 단어 husband [허즈번드] 남편 manage [매니쥐] 운영하다 photography [퍼타그러피] 사진 촬영
studio [스튜–디오우] 스튜디오 work for [워얼크 퍼] ~에서 일하다
computer programmer [컴퓨–터 프로우그래머] 컴퓨터 프로그래머 run [런] 경영하다

 단어만 알아도 편해요!

Oops! 앗차! (실수했을 때)
[웁스]

Ouch! 아야!, 아이쿠! (갑자기 아플 때)
[아우치]

Phew! 휴우! (안도할 때)
[퓨우]

Eeek! 꺅! (무서운 것을 봤을 때)
[이익]

Yikes! 이크! (불쾌하거나 혐오스러울 때)
[야익스]

Hmmm. 음. (뭔가 생각할 때)
[으흠]

Humph! 흥! (불신하거나 경멸할 때)
[험프]

Wow! 우아! (기쁘거나 멋진 것을 봤을 때)
[와우]

 이런 표현도 있어요!

Q. 묻는 표현	A. 답하는 표현
● 성함이 어떻게 되세요? **May I have your name?** [메이 아이 해브 유어 네임]	'이'는 성이고, 이름은 '헤나'입니다. **Lee is my last name, Hyena is my first name.** [라- 이즈 마이 래스트 네임 헤나 이즈 마이 퍼얼스트 네임]
● 명함 좀 주시겠어요? **May I have your business card?** [메이 아이 해브 유어 비즈너스 카알드]	여기 있습니다. **Here's my card.** [히어즈 마이 카알드]

✳ 단어　　**last name** [래스트 네임] 성　**first name** [퍼얼스트 네임] 이름
business card [비즈너스 카알드] 명함

82

UNIT
2 파티

이선희　집이 아름다워요!
Your home is beautiful!
[유어 호움 이즈 뷰-터펄]

올리비아　감사합니다. 와인 좀 드실래요?
Thanks. Would you like some wine?
[쌩스 우 쥬 라이크 섬 와인]

이선희　물론이죠.
Sure.
[슈어]

이서준　저는 됐어요. 맥주가 좋네요.
Not for me. The beer is fine.
[낫 퍼 미- 더 비어 이즈 파인]

이선희　한국 요리 먹어 봤어요?
Have you tried Korean food?
[해브 유 트라이드 커리-언 푸-드]

올리비아　아니요, 그렇지만 먹어 보고 싶어요.
No, but I want to.
[노우 벗 아이 원트 투]

이선희　그럼 다음에는 한국으로 오세요.
Then come to Korea next time.
[덴 컴 투 커리-어 넥스트 타임]

제가 맛있는 한국 음식을 만들어 드릴게요!
I'll make you a delicious Korean meal!
[아일 메이크 유 어 딜리셔스 커리-언 미일]

✳ 단어　　wine [와인] 포도주　beer [비어] 맥주　fine [파인] 좋은　next time [넥스트 타임] 다음 번

31 Have you tried Korean food?

[해브 유 트라이드 커라-언 푸-드]

한국 요리 먹어 봤어요?

'Have you tried ~?'는 '~해 본 적 있나요?'라는 의미의 문형입니다. 이때 **try**는 '**시도하다**'라는 뜻으로 뒤에 음식이 나오면 '**먹어 보다**', 옷이 나오면 '**입어 보다**' 등 다양하게 활용할 수 있습니다.

Q

Have you tried Korean food?

[해브 유 트라이드 커라-언 푸-드]

한국 요리 먹어 봤어요?

Have you tried bulgogi?

[해브 유 트라이드 불고기]

불고기 먹어 봤어요?

Have you tried (on) a hanbok?

[해브 유 트라이드 (언) 어 한복]

한복 입어 봤어요?

Have you tried bungee jumping?

[해브 유 트라이드 번쥐 점핑]

번지점프 해 봤어요?

A

No, but I want to.

[노우 벗 아이 원트 투]

아니요, 하지만 먹어 보고 싶어요.

No, I haven't.

[노우 아이 해븐트]

아니요, 못 먹어 봤어요.

Yes, I have.

[예스 아이 해브]

네, 입어 봤어요.

No, I hate high places.

[노우 아이 헤이트 하이 플레이시즈]

아니요, 높은 곳을 싫어해서요.

※ 단어　**tried** [트라이드] try(시도하다)의 과거분사형　**bulgogi** [불고기] 불고기　**hanbok** [한복] 한복
bungee jumping [번쥐 점핑] 번지점프　**hate** [헤이트] 싫어하다　**high** [하이] 높은

84

32

I'll make you a delicious Korean meal!

[아일 메이크 유 어 딜리셔스 커리-언 미일]

제가 맛있는 한국 음식을 만들어 드릴게요!

'make + 사람 + 사물'의 형태로 '00에게 ~을 만들어 주다'라는 의미입니다.

 기본 패턴 익히기

I'll make you a delicious Korean meal!
[아일 메이크 유 어 딜리셔스 커리-언 미일]

제가 맛있는 한국 음식을 만들어 드릴게요!

I'll make you a cake!
[아일 메이크 유 어 케이크]

제가 케이크를 만들어 드릴게요!

I'll make you a doll!
[아일 메이크 유 어 다일]

내가 인형을 만들어 줄게!

I'll make you some cookies!
[아일 메이크 유 섬 쿠키즈]

제가 쿠키를 좀 만들어 줄게요!

A

That sounds wonderful!
[댓 사운즈 원더펄]

그거 멋진데요!

Wow! You can bake?
[와우 유 캔 베이크]

오! 당신이 만들 수 있다고요?

I look forward to it.
[아이 룩 퍼-워얼드 투 잇]

기대되는데요.

I'm allergic to eggs.
[아임 얼러-쥑 투 에그스]

난 달걀에 알레르기가 있어요.

＊ plus tip　이 문형은 사람과 사물의 위치를 바꿔도 되는데, 이때 사람 앞에 전치사 for를 추가해야 합니다.
즉, 'I'll make you a cake.'는 'I'll make a cake for you.'가 됩니다.

＊ 단어　delicious [딜리셔스] 맛있는　doll [다일] 인형　bake [베이크] 굽다
look forward to [룩 퍼-워얼드 투] ~을 고대하다　allergic [얼러-쥑] 알레르기가 있는

단어만 알아도 편해요!

barbecue party 바비큐 파티
[바알비큐- 파알티]

cocktail party 칵테일 파티
[카악테일 파알티]

dinner party 저녁 식사 파티
[디너 파알티]

homecoming party 홈커밍 파티
[호움 커밍 파알티] (멀리 떠나 있던 사람이 고향이나
모교를 방문할 때 하는 파티)

garden party 가든 파티(뒤뜰이나 정원에서 하는 파티)
[가알든 파알티]

potluck party 포틀럭 파티
[파앗럭 파알티] (각자 음식을 가져와 나누어 먹는 파티)

Thanksgiving party 추수감사절 파티
[쌩스기빙 파알티]

farewell party 송별 파티
[페어웰 파알티]

이런 표현도 있어요!

Q. 묻는 표현	A. 답하는 표현
• 제 파티에 올래요? **Would you like to come to my party?** [우 쥬 라이크 투 컴 투 마이 파알티]	물론이죠, 감사합니다. **Sure, thank you.** [슈어 쌩 큐] 아쉽지만 파티에 갈 수 없어요. **I am sorry to say I can't come to the party.** [아이 엠 서-리 투 세이 아이 캔트 컴 투 더 파알티]
• 파티 어땠어요? **How about the party?** [하우 어바웃 더 파알티]	정말 최고의 파티였어요. **It sure was swell party.** [잇 슈어 워즈 스웰 파알티]

✳ 단어   **swell** [스웰] 아주 좋은, 즐거운

86

1 사진을 찍어도 됩니까?

Can I take a picture?

[캔 아이 테이크 어 픽쳐]

2 입어 봐도 될까요?

May I try it on?

[메이 아이 트라이 잇 언]

3 여기에 앉아도 됩니까?

May I sit here?

[메이 아이 시잇 히어]

4 창문을 열어도 됩니까?

May I open the window?

[메이 아이 오픈 더 윈도우]

5 전화를 써도 됩니까?

May I use the phone?

[메이 아이 유즈 더 포운]

6 질문 하나 드려도 될까요?

Can I ask you a question?

[캔 아이 애스크 유 어 퀘스쳔]

7 담배를 피워도 괜찮겠습니까?

Do you mind if I smoke?

[두 유 마인드 이프 아이 스모우크]

can I ask you a question?

CHAPTER 09

긴급상황
Emergencies

길을 잃음

이선희 어두워지고 있어요.
It's getting dark.
[잇츠 게팅 다알크]

이서준 걱정 말아. 호텔이 가까운 것 같은데.
Don't worry. I think the hotel is close.
[도운트 워-리 아이 씽크 더 호우텔 이즈 클로우스]

이선희 우리 길을 잃었군요! 누군가에게 도와달라고 해요.
We're lost! Let's ask someone for help.
[위어 라-스트 렛츠 애스크 섬원 퍼 헬프]

이서준 봐! 택시가 있어.
Look! There's a taxi.
[룩 데어즈 어 택시]

이선희 판테온 호텔로 가죠?
Can you take us to the Pantheon Hotel?
[캔 유 테이크 어스 투 더 팬시안 호우텔]

택시기사 물론이죠. 타세요.
Sure. Get in.
[슈어 겟 인]

✽ 단어　　**be lost** [비 라-스트] 길을 잃다　**someone** [섬원] 누군가, 어떤 사람　**get in** [겟 인] (차에) 타다

33

It's getting dark.
[잇츠 게팅 다알크]

어두워지고 있어요.

'It's getting + 형용사' 문형은 '~해지고 있다'라는 뜻으로 진행의 의미가 더해집니다.
이 문형의 해석은 '~하다' 보다 '~해진다'라고 하면 더 생동감 있는 표현이 됩니다.
이때 형용사는 비교급을 쓰기도 합니다.

 기본 패턴 익히기

Q

It's getting dark.
[잇츠 게팅 다알크]

어두워지고 있어요.

It's getting late.
[잇츠 게팅 레이트]

시간이 늦어지고 있어요.

It's getting cold.
[잇츠 게팅 코울드]

추워지고 있어요.

It's getting worse.
[잇츠 게팅 워얼스]

더 나빠지고 있어요.

A

Don't worry.
[도운트 워-리]

걱정 말아요.

We can finish tomorrow.
[위 캔 피니쉬 터마-러우]

내일 끝마치면 되요.

Let's get inside.
[렛츠 겟 인사이드]

안으로 들어갑시다.

Don't give up.
[도운트 기브 업]

포기하지 마세요.

＊ **plus tip**　주어를 I로 바꿔 'I'm getting + 형용사' 문형도 있는데, '내가 점점 더 ~해진다'라는 뜻입니다.

＊ **단어**　dark [다알크] 어두운　worse [워얼스] 더 나쁜(bad의 비교급)　finish [피니쉬] 마치다. 끝나다
inside [인사이드] ~의 안으로　give up [기브 업] 포기하다

90

34 I think the hotel is close.

[아이 씽크 더 호우텔 이즈 클로우스]

호텔이 가까운 것 같은데요.

'I think~'는 '**~한 것 같다**'라고 흔히 말버릇처럼 말하는 표현이 됩니다.
I think 뒤에는 '주어 + 동사'의 문장이 나옵니다.

 기본 패턴 익히기

Q

I think the hotel is close.
[아이 씽크 더 호우텔 이즈 클로우스]

호텔이 가까운 것 같은데요.

I think he is right.
[아이 씽크 히 이즈 라잇]

그가 옳은 것 같은데요.

I think we need to buy some water.
[아이 씽크 위 니-드 투 바이 섬 워-터]

우리 물 좀 사야 할 것 같은데요.

I think it is hard to do.
[아이 씽크 잇 이즈 하알드 투 두]

하기 어려울 것 같아요.

A

Let's ask someone for help.
[렛츠 애스크 섬원 퍼 헬프]

누군가에게 도와달라고 해요.

I don't think so.
[아이 도운트 씽크 소우-]

전 그런 것 같지 않은데요.

Okay. Let's go to the market.
[오우케이 렛츠 고우 투 더 마알킷]

그래요. 마켓에 갑시다.

Have you ever tried it?
[해브 유 에버 트라이드 잇]

시도해 보긴 했어요?

---

* **plus tip** 원래는 I think 뒤에 접속사 that[댓]이 있는데, 생략된 것입니다.

* **단어** **close** [클로우스] 가까운 **hard** [하알드] 어려운 **ask** [애스크] 요청하다
someone [섬원] 누군가 **market** [마알킷] 마켓, 시장

 단어만 알아도 편해요!

missing child 미아
[미싱 차일드]

direction 방향
[디렉션]

turn right 우회전 하다
[터언 라잇]

turn left 좌회전 하다
[터언 레프트]

turn back (갔던 길을) 되돌아오[가]다
[터언 백]

go straight 곧장 가다
[고우 스트레잇]

cross 건너다
[크러-스]

across 가로질러
[어크러-스]

 이런 표현도 있어요!

Q. 묻는 표현	A. 답하는 표현
● 어디에 있는지 모르겠어요. 센트럴파크가 어디 있는지 알려 주시겠어요? **I don't know where I am. Could you help me find Central Park?** [아이 도운트 노우 웨어 아이 엠 쿠 쥬 헬프 미 파인드 센트럴 파알크]	지도를 그려 드릴게요. **Let me draw you a map.** [렛 미 드라- 유 어 맵]
● 주변에 뭐가 보이는지 말해 주실래요? **Can you tell me what you see around you?** [캔 유 텔 미 왓 유 사- 어라운드 유]	우체국밖에 안 보이는데요. **I can see a post office.** [아이 캔 사- 어 포우스트 어-피쓰]

✳ 단어   **draw** [드라-] 그리다   **around** [어라운드] 주위에   **post office** [포우스트 어-피쓰] 우체국

92

의사	안녕하세요, 행크스 의사입니다.
	Hello, I'm Doctor Hanks.
	[헬로우 아임 닥터 행크스]
	무슨 일이시죠?
	What happened?
	[왓 해픈드]
이선희	길에서 발을 헛디뎌서 넘어졌어요.
	I tripped and fell on the street.
	[아이 트립트 앤드 펠 언 더 스트리—트]
의사	기분이 어떠세요? 어지러우세요? 두통은요?
	How do you feel? Dizzy? Headache?
	[하우 두 유 피일 디지 헤데익]

이선희	아니요, 괜찮아요.
	No, I'm okay.
	[노우 아임 오우케이]
이서준	상처가 심각한가요?
	Is the cut serious?
	[이즈 더 컷 시어리어스]

의사	심각하진 않지만 깊어요.	몇 바늘 꿰매야겠습니다.
	It's not serious but it's deep.	**You'll need some stitches.**
	[잇츠 낫 시어리어스 벗 잇츠 디입]	[유일 나—드 섬 스티치스]
이선희	괜찮아요.
	That's okay.
	[댓츠 오우케이]

✳ **단어** dizzy [디지] 어지러운 headache [헤데익] 두통 cut [컷] 상처 serious [시어리어스] 심각한
deep [디입] 깊은 stitch [스티치] (수술로 기운) 바늘

35

What happened?
[왓 해픈드]

무슨 일이시죠?

'**What happened?**'는 '**무슨 일이 일어났나요?**'라는 의미이며, 이때 의문사 **what**이 주어가 됩니다.
뒤에 '**to**'를 추가하여 '∼에게 무슨 일이 일어났나요?'라는 의미로 확장하여 쓸 수 있습니다.

What happened?
[왓 해픈드]

무슨 일이시죠?

What happened to you?
[왓 해픈드 투 유]

당신에게 무슨 일 있나요?

What happened to your mother?
[왓 해픈드 투 유어 머더]

당신 어머니께 무슨 일 있나요?

What happened to your brother?
[왓 해픈드 투 유어 브러더]

당신 남동생에게 무슨 일 있나요?

I tripped and fell on the street.
[아이 트립트 앤드 펠 언 더 스트리-트]

길에서 발을 헛디뎌서 넘어졌어요.

I think I'm lost. [아이 씽크 아임 러-스트]

길을 잃은 것 같아요.

She went to the hospital. [쉬 웬트 투 더 하-스피틀]

병원에 입원하셨어요.

He is okay. Thank you! [히 이즈 오우케이 쌩 큐]

괜찮아요. 감사합니다!

---

* **plus tip** 'What's wrong?'[왓츠 러엉], 'What's the problem?' [왓츠 더 프라블럼], 'What's the matter?'
[왓츠 더 매터] 등도 같은 의미로 쓰이는 표현입니다.

* **단어** happen [해픈] 일어나다 trip [트립] 발을 헛디디다 fell on [펠 언] fall on([퍼얼 언] 넘어지다)의 과거형
go to the hospital [고우 투 더 하-스피틀] 입원하다

94

36

How do you feel?
[하우 두 유 피일]

기분이 어떠세요?

'How do you feel?'은 기분이나 몸 상태를 묻는 질문으로 how는 '어떻게'라는 의미로 방법이나
상태를 묻는 의문사입니다. **'How do you + 동사~?'** 문형은 **'어떻게 ~합니까?'**라는 의미입니다.

How do you feel?
[하우 두 유 피일]

기분이 어떠세요?

How do you know?
[하우 두 유 노우]

어떻게 알았어요?

How do you study English?
[하우 두 유 스터디 잉글리쉬]

영어 공부 어떻게 하세요?

How do you spell your name?
[하우 두 유 스펠 유어 네임]

이름 철자가 어떻게 되요?

I'm okay. [아임 오우케이]

전 괜찮아요.

Jamie told me. [제이미 토울드 미-]

제이미가 말해줬어요.

I watch American dramas.
[아이 왓치 어메리컨 드라-머스]

저는 미국 드라마를 보거든요.

A, G, N, E, S. Agnes!
[에이 쥐- 엔 이- 에스 애그니스]

A, G, N, E, S. 아그네스예요.

---

* plus tip   'How many[하우 매니], How much[하우 머치], How far[하우 파알]'와 같이
           'How + 형용사~?'의 형태가 되면 '얼마나 ~?'라는 의미가 됩니다.

* 단어   **feel** [피일] 느끼다   **study** [스터디] 공부하다   **spell** [스펠] 철자를 말하다
       American [어메리컨] 미국의, 미국인의   **drama** [드라-머] 드라마, 연극

EMERGENCY ↓

유용한 표현 더 배워보기

단어만 알아도 편해요!

leg 다리
[레그]

finger 손가락
[핑거]

head 머리
[헤드]

arm 팔
[아암]

back 등
[백]

lie down 눕다
[라이 다운]

painkiller 진통제
[페인킬러]

cold medicine 감기약
[코울드 메더신]

이런 표현도 있어요!

Q. 묻는 표현	A. 답하는 표현
● 구급차를 보내 주시겠습니까?	구급차가 바로 갈 겁니다.
Could you send an ambulance?	**An ambulance is on the way.**
[쿠 쥬 센드 언 앰뷸런스]	[언 앰뷸런스 이즈 언 더 웨이]
● 응급실이 어디죠?	저쪽이요.
Where's the emergency room, please?	**Over there.**
[웨어즈 더 이머얼전시 루움 플리-즈]	[오우버 데어]

✳ 단어   send [센드] 보내다   ambulance [앰뷸런스] 구급차   on the way [언 더 웨이] 나가려는 중에
emergency room [이머얼전시 루움] 응급실

96

1 도와주시겠어요?

Could you help me?

[쿠쥬 헬프 미]

2 문제가 생겼어요.

I'm in trouble.

[아임 인 트러블]

Could you help me?

3 길을 잃어버렸습니다.

I'm lost.

[아임 로스트]

4 몸이 좋지 않아요.

I feel sick.

[아이 필 시익]

5 내 짐이 보이지 않습니다.

I couldn't find my baggage.

[아이 쿠든 파인 마이 배기쥐]

6 여권을 잃어버렸습니다. / 지갑을 도둑맞았습니다.

I've lost my passport. / My wallet was stolen.

[아이브 로스트 마이 패스포어트 / 마이 월릿 워즈 스톨른]

7 경찰을 불러 주세요. / 의사를 불러 주세요.

Please call the police. / Call a doctor, please.

[플리－즈 콜 더 펄리스 / 콜 어 닥터 플리－즈]

8 한국어를 할 수 있는 사람을 불러줄 수 있으세요?

Could you call for a Korean speaker?

[쿠쥬 콜 포 어 코리언 스피커]

CHAPTER 10
귀국
Going Home

UNIT 1 귀국 항공권 예약

When do you want to **leave**? 언제 떠나고 싶어?
[웬 두 유 원트 투 리−브]

I'm going to **book two tickets for 5 p.m.** 오후 5시 표 두 장을 예약할게.
[아임 고우잉 투 북 투− 티킷츠 퍼 파이브 파−엠]

UNIT 2 배웅

Have a **safe trip Mr. and Mrs. Lee.** Lee 부부 안전한 여행 되세요.
[해 버 세이프 트립 미스터 앤드 미시즈 리−]

Give me a **hug!** 안아 줘!
[기브 미− 어 허그]

귀국 항공권 예약

이서준　언제 떠나고 싶어?

When do you want to leave?

[웬 두 유 원트 투 리-브]

아침에? 오후에?

In the morning? Afternoon?

[인 더 머얼닝 애프터누운]

이선희　오후에 떠나요.

Let's leave in the afternoon.

[렛츠 리-브 인 디 애프터누운]

이서준　오후 5시 표 두 장을 예약할게.

I'm going to book two tickets for 5 p.m.

[아임 고우잉 투 북 투- 티킷츠 퍼 파이브 피-엠]

이선희　창가 좌석으로 할 수 있나요?

Can I get a window seat?

[캔 아이 겟 어 윈도우 시잇]

이서준　아, 당신은 정말 창가 좌석을 좋아하는군.

Ha. You really like window seats.

[하- 유 리얼리 라이크 윈도우 사-츠]

이선희　헤나에게 작별인사로 손을 흔들고 싶거든요.

I want to wave goodbye to Hye-na!

[아이 원트 투 웨이브 굿바이 투 헤나]

✳ 단어　**wave goodbye to** [웨이브 굿바이 투] 작별인사로 손을 흔들다

37 When do you want to leave?

[웬 두 유 원트 투 리-브]

언제 떠나고 싶어?

'want to + 동사원형'은 '~하고 싶다, ~하기 원하다'라는 뜻입니다. 일반 의문문 'Do you want to~?'에 '언제 ~하고 싶어요?'라고 물어보려면, 때를 묻는 의문사 when을 문장 앞에 붙여 'When do you want to~?'라고 합니다.

 기본 패턴 익히기

 Q

When do you want to leave?
[웬 두 유 원트 투 리-브]

언제 떠나고 싶어?

When do you want to start?
[웬 두 유 원트 투 스타알트]

언제 출발하고 싶어?

When do you want to read?
[웬 두 유 원트 투 리-드]

언제 읽고 싶어?

When do you want to go out?
[웬 두 유 원트 투 고우 아웃]

언제 외출하고 싶어?

A

I want to leave in the afternoon.
[아이 원트 투 리-브 인 디 애프터누운]

오후에 떠나고 싶어.

Anytime. [애니타임]

아무 때나.

Before bed. [비퍼- 베드]

자기 전에.

I don't want to go out. [아이 도운트 원트 투 고우 아웃]

외출하고 싶지 않아.

※ plus tip 의문사 when 대신, 장소를 묻는 의문사 where[웨어]를 붙이면 '어디로 ~하고 싶어요?', 의문사 what[왓]을 붙이면 '무엇을 ~하고 싶어요?'가 됩니다.

※ 단어 leave [리-브] 떠나다 anytime [애니타임] 언제든지 before [비퍼-] ~전

100

I'm going to book two tickets for 5 p.m.

[아임 고우잉 투 북 투- 티킷츠 퍼 파이브 파-엠]

오후 5시 표 두 장을 예약할게.

'**be going to**'는 가까운 미래에 일어날 일이나 의지를 나타내는 표현으로, '**~하겠다**'라는 뜻입니다.
주로 예정이 있는 미래나 말하는 사람의 의지가 표현된 경우에 사용합니다.

 Q

I'm going to book two tickets for 5 p.m. 오후 5시 표 두 장을 예약할게.
[아임 고우잉 투 북 투- 티킷츠 퍼 파이브 파-엠]

I'm going to buy a book.   책을 살게.
[아임 고우잉 투 바이 어 북]

I'm going to stay at home.   집에 머물게.
[아임 고우잉 투 스테이 앳 호움]

I'm going to take a nap.   낮잠을 잘게.
[아임 고우잉 투 테이크 어 냅]

A

I'm excited! [아임 익사이티드]   신 나네!

I'll come with you. [아일 컴 위드 유]   나도 같이 갈게.

Why? Let's go outside! [와이 렛츠 고우 아웃사이드]   왜? 밖에 나가자!

Are you tired? [아- 유 타이얼드]   피곤해?

✻ **plus tip**   I'm going to[아임 고우잉 투]는 미래시제를 나타내는 I will[아이 윌](=I'll[아일])로 바꿔
표현할 수도 있습니다.

✻ **단어**   take a nap [테이크 어 냅] 낮잠을 자다   outside [아웃사이드] 바깥쪽

![Flight Booking](flight booking)

단어만 알아도 편해요!

confirm 확인해 주다
[컨퍼엄]

check on 확인하다
[첵 언]

cancel 취소하다
[캔설]

flight time 비행 시간
[플라잇 타임]

layover (단시간) 경유
[레이오우버]

stopover (장시간) 경유
[스탑오우버]

reservation 예약
[레저베이션]

departure date 출발일
[디파알처 데이트]

이런 표현도 있어요!

Q. 묻는 표현	A. 답하는 표현
● 9월 5일 항공편 있나요? **Do you have flights on September 5th?** [두 유 해브 플라잇츠 언 셉템버 피프쓰]	네, 있습니다. **Yes, we do.** [예스 위 두] 죄송합니다만, 항공편들이 만석입니다. **I'm sorry, but those flights are fully booked.** [아임 서─리 벗 도우즈 플라잇츠 아─ 풀리 북트]
● 출발일을 바꿀 수 있나요? **Can I change my departure date?** [캔 아이 체인쥐 마이 디파알처 데이트]	출발일을 바꾸시면 100달러의 벌금이 있습니다. **There is a $100 penalty to change your date.** [데어 이즈 어 헌드레드 달러즈 페널티 투 체인쥐 유어 데이트]

2 배웅

헤나 벌써 그리워지는데!
I miss you already!
[아이 미스 유 어얼레디]

이선희 나도 그래 헤나야! 나도!
Me too Hye-na! Me too!
[마– 투– 헤나 마– 투–]

데이비드 Lee 부부 안전한 여행 되세요.
Have a safe trip Mr. and Mrs. Lee.
[해 버 세이프 트립 미스터 앤드 미시즈 라–]

그리고 조만간 다시 오세요.
And come back soon.
[앤드 컴 백 수운]

이서준 데이비드 아마도 또 올 거예요.
Maybe we will come back, David.
[메이바– 위 윌 컴 백 데이빗]

당신과 당신 가족들은 매우 친절해요.
You and your family are very kind.
[유 앤드 유어 패멀리 아– 베리 카인드]

헤나 안녕히 가세요. 뉴욕 사진 좀 보내 주시고요.
Goodbye. Send me some New York pictures.
[굿바이 센드 미 섬 누–여억 픽처스]

이서준 그럴게요.
I will.
[아이 윌]

이선희 이제, 우리는 가야 해.   안아 줘!
Now, we have to go. Give me a hug!
[나우 위 해브 투 고우]   [기브 마– 어 허그]

✱ 단어   **miss** [미스] 그리워하다 **already** [어얼레디] 벌써, 이미 **have to** [해브 투] ~해야 한다

39 Have a safe trip Mr. and Mrs. Lee.

[해 버 세이프 트립 미스터 앤드 미시즈 리-]

Lee 부부 안전한 여행 되세요.

'Have (a) ~' 패턴은 명령문 스타일이지만, 딱딱하지 않고 **부드러운 느낌으로 말할 수 있는 문장**
이 됩니다. 이 패턴은 의외로 우리가 회화에서 많이 쓰는 문장을 찾아볼 수 있습니다.

Q

Have a safe trip Mr. and Mrs. Lee.
[해 버 세이프 어 트립 미스터 앤드 미시즈 리-]

Lee 부부 안전한 여행 되세요.

Have a nice weekend.
[해 버 나이스 위-켄드]

좋은 주말 되세요.

Have a good time.
[해 버 굿 타임]

즐거운 시간 되세요.

Have a seat.
[해 버 시잇]

자리에 앉으세요.

A

Thanks a lot.
[쌩스 어 랏]

고마워요.

You too.
[유 투-]

당신도요.

We'll try!
[위일 트라이]

그럴게요!

Thanks very much.
[쌩스 베리 머치]

매우 고마워요.

✳ 단어　　**safe** [세이프] 안전한

40

Give me a hug!

[기브 미- 어 허그]

안아 줘!

> 'give me a~' 문형은 '~해 주세요'라는 뜻으로 쓰이는 다양한 표현이 있습니다.
> give는 대표적인 4형식 동사로, 'give + 사람목적어 + 사물목적어' 순서로 쓰입니다.

 기본 패턴 익히기

Q

Give me a hug!
[기브 미- 어 허그]

안아 줘!

Give me a call!
[기브 미- 어 커얼]

전화해 줘!

Give me a break!
[기브 미- 어 브레이크]

그만 좀 해!

Give me a chance!
[기브 미- 어 챈스]

한 번만 봐 줘!

A

I'm shy but okay.
[아임 샤이 벗 오우케이]

부끄럽지만 그렇게.

Okay. What time?
[오우케이 왓 타임]

그래. 언제?

I'm just joking.
[아임 저스트 조우킹]

그냥 농담한 거야.

This is your final chance.
[디스 이즈 유어 파이늘 챈스]

이것이 너의 마지막 기회야.

※ **plus tip**   'Give me a break.'는 상황에 따라 '잠깐만', '기다려 주세요.'라는 의미가 되기도 합니다.

※ **단어**   hug [허그] 껴안다, 포옹하다   break [브레이크] 중단   chance [챈스] 기회   joke [조우크] 농담하다

단어만 알아도 편해요!

Goodbye. 안녕(히 가세요).
[굿바이]

See you. 잘 가(세요).
[사- 유]

Take care. 잘 가(세요).
[테이크 케어]

So long. 잘 가(세요).
[소우- 러엉]

Take it easy. 살펴 가세요.
[테이크 잇 이-지]

See you later. 다음에 봐요.
[사- 유 레이터]

See you again. 다시 만나요.
[사- 유 어게인]

Keep in touch. 가끔 연락하고 지냅시다.
[키입 인 터치]

이런 표현도 있어요!

Q. 묻는 표현	A. 답하는 표현
● 전 지금 가야겠어요.	즐거운 여행 되세요!
I'm afraid I've got to go now.	**Enjoy your trip!**
[아임 어프레이드 아입 갓 투 고우 나우]	[인조이 유어 트립]
	Have a good trip!
	[해 버 굿 트립]
	Bon Voyage!
	[번 버야-즈]
● 당신 가족에게 내 안부를 전해 주세요.	조만간 만나요.
Say hello to your family for me.	**Let's get together soon.**
[세이 헬로우 투 유어 패멀리 퍼 미-]	[렛츠 겟 터게더 수운]

✳ 단어   **have got to** [해브 갓 투] ~하지 않으면 안 된다 **bon** [번] 좋은 **voyage** [버야-즈] 여행
say hello [세이 헬로우] 안부인사를 하다 **get together** [겟 터게더] 만나다

물어볼 때

1 이 근처에 호텔이 있습니까?

Is there a hotel near here?

[이즈 데어 어 호텔 니어 히어]

2 빈 방이 있습니까?

Are there any rooms available?

[아 데어 애니 룸스 어베일러블]

3 화장실은 어디 있습니까?

Where is the rest room?

[웨어 이즈 더 레스트 룸]

Is there a hotel near here?

4 누구에게 물어봐야 합니까?

Who should I ask?

[후 슈드 아이 애스크]

5 성함을 물어봐도 되겠습니까?

May I have your name, please?

[메이 아이 해브 유어 네임 플리즈]

6 얼마입니까?

How much is it?

[하우 머치 이즈 잇]

7 공항까지 얼마나 걸립니까?

How long does it take to get to the airport?

[하우 롱 더즈 잇 테이크 투 겟 투 디 에어포트]

8 언제 출발합니까?

When do you leave?

[웬 두 유 리브]